„Isus i-a întrebat de ucenicii Lui, ,Cine ziceți voi că sunt Eu?' Iar aceasta este o întrebare la care fiecare dintre noi trebuie să răspundă. Într-o manieră succintă și foarte ușor de citit, Greg Gilbert cercetează adânc paginile Scripturii pentru a analiza adevărul afirmațiilor lui Hristos despre Sine. Cartea de față este o lectură esențială pentru creștini și pentru căutători deopotrivă". - **JIM DALY,** președinte, Focus on the Family

„Cel mai mare atu al lui Greg este abilitatea de a face ca lucrurile profunde să fie exprimate în termeni simpli. În timp ce cartea lui *Ce este Evanghelia?* ne ajută să facem deosebirea între Evanghelia adevărată și cea falsă, cartea *Cine este Isus?* ne ajută să Îl identificăm pe Hristos așa cum ni Se prezintă El însuși, spre deosebire de cel pe care l-am construit noi cu mințile noastre". - **J. D. GREEAR,** păstor principal, The Summit Church, Durham, North Carolina; autor, *Jesus, Continued... Why the Spirit Inside You Is Better than Jesus Beside You*

„Nu există o întrebare mai importantă în univers decât cine este Isus? Cu o inimă pastorală și o minte strălucită, Greg Gilbert analizează această întrebare pas cu pas cu profunzime și într-un fel accesibil. Indiferent dacă ești un sceptic care cercetează pentru prima dată aceste lucruri sau un credincios de mulți ani, această carte te va conduce în locul unde noi toți trebuie să mergem: la gloria lui Dumnezeu pe fața lui Isus Hristos". - **RUSSELL D. MOORE,** președinte, The Ethics & Religious Liberty Commission; autor, *Tempted and Tried*

„Fiind o carte creștină clară, dar mai mult decât politicoasă și respectuoasă față de cel sceptic, această carte te va ajuta să te gândești cu atenție la Isus. Gilbert aruncă o lumină proaspătă asupra unor scene familiare, adăugând sens lucrurilor faptice. Este o carte plină de artă, și totuși clară și caracterizată de o teologie biblică frumoasă. Aici se găsește o invitație adresată cititorului de a veni să Îl cunoască el însuși pe Isus". - **MARK DEVER,** păstor senior, Capitol Hill Baptist Church, Washington, DC; președinte, 9Marks

„Această carte face două lucruri simultan. Ea Îl plasează credibil pe Isus în contextul vremurilor Lui, și arată de ce nu este un gest responsabil să Îl putem abandona acolo. Această carte este destinată deopotrivă celor care nu s-au gândit niciodată la Isus și celor care cred că Îl cunosc suficient de bine". - **TIMOTHY GEORGE,** decan și fondator, Beeson Divinity School; editor general, *Reformation Commentary on Scripture*

„Această scurtă carte va fi un instrument deosebit pentru a le face oamenilor cunoștință cu cea mai uimitoare persoană care a trăit vreodată, inclusiv atleților pe care îi antrenez". - **RON BROWN,** antrenor, University of Nebraska Cornhuskers

„Am fost întotdeauna în căutarea unei cărți scurte și clare despre viața lui Isus, pe care să o pun în mâinile cuiva care dorește cu adevărat să știe cine este și ce a făcut El. Acum am o astfel de carte înaintea mea. Greg Gilbert are dreptate: ‚Povestea lui Isus nu este povestea unui om bun. Nu este povestea unui aspirant la tron'. Ia în considerare dovezile prezentate în această carte, și vei vedea unde te vor duce". - **DANIEL L. AKIN,** președinte, Southeastern Baptist Theological Seminary

Cine este Isus?

Lui Justin, Jack și Juliet

GREG GILBERT

CINE ESTE ISUS?

Magna Gratia

CINE ESTE ISUS?
Greg Gilbert

© 2021 Editura MAGNA GRATIA. Toate drepturile rezervate. Nici o parte a acestei publicații nu poate fi reprodusă, stocată sau transmisă în orice formă și prin orice mijloace – electronice, mecanice, prin fotocopiere, microfilmare, înregistrare sau alt fel – cu excepția unor citate scurte în recenzii, fără permisiunea prealabilă a deținătorului drepturilor de autor.

Tradus și publicat cu permisiune. MAGNA GRATIA nu susține în mod necesar toate punctele de vedere ale autorilor pe care îi traduce și/sau publică.

Who Is Jesus?
Copyright © 2015 Greg Gilbert
Published by Crossway
a publishing ministry of Good News Publishers
Wheaton, Illinois 60187, U.S.A.
This edition published by arrangement with Crossway. All rights reserved.

Dacă nu este precizat altfel în text, citatele biblice sunt preluate din Biblia Cornilescu, ediția revizuită. Drepturi de autor British and Foreign Bible Society (BFBS) și Societatea Biblică Interconfesională din România (SBIR) 1924, 2016. Folosit cu permisiune.

Design copertă: Matthew Wahl, Editura MAGNA GRATIA.

9Semne ISBN: 978-1-955768-17-7

RESPECTAȚI DREPTURILE DE AUTOR!

Este interzis în mod expres:

 imprimarea cărții indiferent de modalitatea folosire, indiferent de scop și de modalitatea de imprimare, inclusiv imprimarea profesională (la tipografie, indiferent dacă produsul este comercializat sau nu);

 stocarea fișierelor oricărei cărți pe bloguri, pagini de internet, portaluri sau transmiterea pe cale electronică, altfel decât a link-urilor către website-ul MAGNA GRATIA.

 copierea și republicarea a peste 250 de semne/publicație pe alte portaluri, pagini de internet, bloguri, în publicații tipărite sau în predici, prezentări, conferințe etc.

 producția și/sau distribuția de opere derivate (ex. audiobook, clipuri video, videoblog, broșuri, alte publicații etc.) care conțin, parțial sau integral, material din această publicație, indiferent dacă opera derivată este comercializată sau nu.

Citiți politica integrală de copyright la adresa: magnagratia.org/copyright.html

Editura MAGNA GRATIA
Str. Liliacului nr.26,
Dascălu-Ilfov 077075
Email: contact@magnagratia.org
Internet: www.magnagratia.org

CUPRINS

Cuvânt înainte, de Trip Lee   13

Capitolul 1. Ce crezi?   17

Capitolul 2. Un om extraordinar, și apoi...   27

Capitolul 3. Împăratul Israelului și Împăratul împăraților   41

Capitolul 4. Marele „Eu sunt"   57

Capitolul 5. Unul dintre noi   73

Capitolul 6. Triumful ultimului Adam   87

Capitolul 7. Mielul lui Dumnezeu, jertfit pentru om   107

Capitolul 8. Domnul înviat și înălțat   129

Un ultim cuvânt. Tu cine spui că este El?   149

CUVÂNT ÎNAINTE

Ai confundat vreodată pe cineva? Îmi amintesc că eram la o petrecere cu cel mai bun prieten din liceu. Tocmai ce ajunsesem acolo când am văzut-o pe prietena noastră Nicole stând în picioare într-un colț, distrându-se de minune. Cu o zi înainte, petrecusem ceva timp cu Nicole și cu prietena ei însărcinată, așa că ne-am hotărât să mergem și să le salutăm. Cel mai bun prieten al meu a salutat-o pe Nicole, i-a frecat burtica prietenei ei cu un zâmbet blând, și a întrebat-o cu atenție: „Cum este bebe?" Singura problemă era că aceea era o prietenă diferită. Și nu era în niciun caz însărcinată. Ei bine, am fost bucuros că n-am deschis gura primul.

Poate fi un lucru deranjant și ilar să confunzi persoanele. Riști să cazi de prost și să îi jignești pe alții, așa că este cel mai bine să te asiguri înainte să deschizi gura.

Cartea pe care o ții în mâini are de-a face cu recunoașterea identității altcuiva, dar implicațiile sunt mult mai profunde. Când vorbim despre Isus, suntem într-o situație cu totul diferită de aceea când recunoaștem prieteni vechi sau rude. Când greșim în ce privește identitatea lui Isus, situația este mai mult decât deranjantă – este tragică.

Iată de ce Greg Gilbert afirmă de la bun început că titlul acestei cărți – *Cine este Isus?* – este și cea mai importantă întrebare pe care ți-o vei pune vreodată. Acest lucru poate suna ridicol pentru căutători, sceptici și poate chiar pentru unii creștini, dar dacă vei continua să o citești, vei vedea de ce aceasta este o întrebare atât de vitală. Evident, nu vom da peste Prințul păcii la vreun colț de stradă sau la vreo petrecere, așa că situația nu este aceea în care trebuie să potrivești un nume cu o față a unei persoane. Ea are de-a face cu a răspunde înaintea Lui dându-I onoarea și încrederea pe care le merită.

De exemplu, Greg scrie: „Odată ce începi să înțelegi că Isus este în realitate Dumnezeu, și că El este într-o relație unică și exclusivă cu Dumnezeu Tatăl, vei începe să înțelegi și că, dacă vrei să Îl cunoști pe Dumnezeul care te-a creat, atunci trebuie să Îl cunoști pe Isus. Nu există nicio altă cale".

Dacă Isus ar fi doar un individ oarecare, atunci cunoașterea Lui nu ar aduce nimic nou. Dar dacă Isus este Fiul lui Dumnezeu și singurul Mântuitor al lumii, atunci cunoașterea Lui schimbă totul.

Noi L-am confundat mult prea adesea pe Isus cu un simplu alt om. Sau doar cu un alt bun învățător. Sau cu un alt profet. Dar niciuna dintre aceste descrieri nu este suficientă. Așadar, în această carte importantă, Greg ne ajută să avem o gândire corectă despre identitatea reală a lui Isus.

Îmi place *Cine este Isus?* pentru că este o carte captivantă. De fapt, m-am bucurat să o citesc. Este suficient de simplă ca să poată fi citită de oricine, și tratează întrebări reale. Îmi place această carte și pentru că este plină de Scriptură. Greg nu încearcă să inventeze modalități noi de a privi la Isus. El nu este interesat doar de adevărul istoric faptic. Cine este acest Isus și de ce contează El? În loc să aplece urechea la istorici care nu L-au văzut niciodată, Greg se concentrează pe mărturia de încredere a celor care s-au întâlnit Isus și au fost martori oculari ai lucrării Lui. El se concentrează pe Cuvântul lui Dumnezeu. Acest lucru face din cartea de față o carte plină de autoritate, având potențialul de a schimba vieți.

Isus a făcut afirmații radicale, și este Persoana despre care s-a vorbit cel mai mult în întreaga istorie. Cine a pretins El că este? Și este El într-adevăr Acela? Nu îmi vine în minte nicio carte mai bună pe care să ți-o recomand și care să te ajute să răspunzi la aceste întrebări. Cred că vei fi binecuvântat de cartea de față așa cum și eu am fost binecuvântat.

Trip Lee,
Păstor; autor,
*Rise: Get Up and Live in
God's Great Glory*

1

CE CREZI?

Cine crezi că este Isus?

Poate că nu te-ai gândit niciodată prea mult la acest lucru. Într-un fel, pot să înțeleg această atitudine. La urma urmei, vorbim despre un om care s-a născut în primul secol, într-o familie necunoscută de evrei, în casa unui tâmplar. El n-a avut niciodată o funcție politică, n-a condus niciodată vreun popor, nici n-a fost liderul vreunei armate. El nu s-a întâlnit niciodată nici măcar cu un împărat roman. În schimb, vreme de trei ani și jumătate, acest om Isus S-a concentrat pur și simplu pe a-i învăța pe oameni despre etică și spiritualitate, le-a citit evreilor și le-a explicat Scripturile ebraice și, dacă relatările martorilor oculari legate de viața Lui sunt credibile câtuși de puțin, El a făcut de asemenea unele lucruri destul de neobișnuite. Mai apoi, Isus a fost destul de contestat de liderii din vremea Lui și, la scurtă vreme după ce Și-a început lucrarea publică, a ajuns executat pe o cruce de unul dintre mulții guvernatori provinciali ai Romei – un fel de manager de nivel mediu imperial, un lider peste oameni care nu aveau putere reală.

Pe deasupra, toate acestea s-au petrecut acum aproape 2000 de ani. Aşadar, de ce mai vorbim încă despre El? De ce nu putem pur şi simplu scăpa de acest om Isus?

FII DESCHIS

Indiferent de ceea ce crezi personal despre El, eu spun că putem să fim de acord că Isus este o figură predominantă în istoria lumii. Un istoric respectat prezintă influenţa lui Isus în felul următor: „Dacă ar fi posibil ca, folosind un fel de super-magnet, să extragem din acea istorie orice bucată de metal care purta cel puţin o urmă a Numelui Lui, ce ar mai rămâne în urmă?"[1] Iată o întrebare bună, şi probabil că răspunsul este „nu mare lucru!"

Dar ideea nu este că Isus ar fi un personaj de care nu putem să scăpăm într-un fel distant, istoric. El este o Persoană de care nu putem scăpa cu una, cu două. Gândeşte-te la următorul lucru: probabil că ai cel puţin una sau două rude care spun că sunt creştini. Poate că ei chiar merg cu regularitate la biserică şi cântă despre – sau chiar *lui* – Isus. Dacă insişti, ţi-ar putea spune chiar că au o *relaţie* cu El, şi că vieţile lor sunt organizate, într-un fel sau altul, în jurul Lui. Şi nu doar atât, ci oraşul tău este, cel mai probabil, plin de clădiri de biserici de tot felul. Unele dintre aceste clădiri sunt probabil pline de comunităţi de creştini, care se strâng în ele în zilele de duminică. Probabil că altele nu

---

[1] Jaroslav Pelikan, *Jesus through the Centuries: His Place in the History of Culture* (Yale University Press, 1999), p. 1.

mai sunt deloc biserici. Dar ideea este că, în orice direcție vei privi, dacă te uiți cu atenție, vei vedea elemente care îți reamintesc de acest om care a trăit în urmă cu 2000 de ani. Și totul subliniază înaintea noastră întrebarea aceasta: Cine este El?

Nu este ușor de răspuns la această întrebare, în principal pentru că încă n-am reușit să ajungem la un consens la nivelul societății despre cine a fost cu adevărat Isus... sau cine este. Da, este adevărat că foarte puține persoane se mai îndoiesc de existența Lui. Elementele de bază din viața Lui – unde și când a trăit, cum a trăit – toate sunt lucruri asupra cărora toți am căzut de acord. Dar există încă un dezacord uriaș, chiar și printre oamenii care se consideră creștini, despre *sensul* vieții și morții Lui. A fost El un profet? Un învățător? Ceva cu totul diferit? A fost El Fiul lui Dumnezeu, sau doar un om cu daruri neobișnuite? Și, că veni vorba, cine credea *El* că este? Moartea Lui în mâinile romanilor – a fost parte din planul inițial, sau El a ajuns cumva la locul nepotrivit în momentul nepotrivit? Apoi vine cea mai importantă întrebare dintre toate: După ce a fost executat, a rămas Isus mort ca noi toți, sau... nu?

Dincolo de toate dezacordurile, toți par să fie de acord asupra unui lucru: Isus a fost o Persoană extraordinară. El a făcut și a spus lucruri pe care oamenii obișnuiți pur și simplu nu le fac și nu le spun. Mai mult, lucrurile pe care Isus le-a spus n-au fost doar niște zicători iscusite sau niște comori de înțelepciune etică. Ele n-au fost fragmente de sfaturi despre cum să trăim mai bine în această lume. Nu, ci Isus a spus lucruri ca acestea: „Eu și Tatăl [referindu-se la Dumnezeu] una suntem" sau „Cine M-a văzut pe Mine, L-a văzut pe Tatăl". Apoi, probabil mai șocant decât orice, „Nimeni nu vine la Tatăl decât prin Mine" (Ioan 10:30; 14:6).

Înțelegi ce vreau să spun? Oamenii obișnuiți nu spun astfel de lucruri! Eu și Dumnezeu să fim una? Nimeni nu vine la Dumnezeu decât prin Mine? Acestea nu sunt învățături etice pe care te-ai putea decide să le incluzi sau nu în viața ta. Ele sunt *pretenții*. Ele sunt ceea ce Isus ne spune că este *adevărul*.

Evident că poți să nu accepți ceea ce El spune. Poți să l respingi vehement afirmațiile Lui. Dar gândește-te la asta: N-ar fi mai logic să nu faci asta pripindu-te? N-ar avea sens să ajungi să cunoști acest om întrucâtva, înainte de a respinge complet ceea ce El spune despre tine? Vreau aici să îmi permiți să fiu îndrăzneț și să te rog ceva, pentru că ai fost atât de binevoitor să iei această carte și să începi să o citești: Fii deschis. Se poate ca, aflând mai multe lucruri despre El, să-ți dai seama că, de fapt, ai motive foarte bune să crezi ce a spus El – despre Sine, despre Dumnezeu și despre *tine*.

UNDE SĂ CAUȚI SĂ ÎL CUNOȘTI PE ISUS?

Așadar... cum ajungi să cunoști pe cineva care a trăit acum două mii de ani? Chiar dacă ai pleca de la credința în înviere, nu ești în situația în care ai putea bate la ușa

Raiului și să stai la masă cu Isus, la o ceașcă de cafea. De aceea, unde să te duci ca să Îl cunoști pe Isus? Multe documente istorice fac referire la existența, viața, moartea și chiar învierea lui Isus, și ai putea să afli de acolo câteva lucruri despre El. Dar majoritatea acestor documente au cel puțin câteva probleme. În primul rând, multe dintre ele au fost scrise atât de târziu – uneori la sute de ani după Isus – încât nu ne ajută prea mult în a cunoaște cine era El *cu adevărat*. Și nu doar atât, ci în majoritatea cazurilor, chiar și cele mai bune dintre aceste documente nu prea spun multe lucruri despre El. Ele tratează alte probleme, așa că doar fac mențiuni legate de Isus sau aluzii la El, în loc să ne vorbească în detalii despre El.

Totuși, există o vistierie masivă de informații despre Isus – relatări detaliate, personale, bucată cu bucată, de la martori oculari, despre ceea ce El a spus și cine a fost. Aceea este Biblia.

Așteaptă o secundă înainte de a închide această carte! Știu că unii oameni fac pasul înapoi când este menționată Biblia, pentru că ei cred despre ea că este cartea „creștinilor", așa că ei cred că ea este părtinitoare și inutilă ca sursă de informații precise. Dacă așa gândești, atunci, fie că ești de acord sau nu, aș spune că ai dreptate doar pe jumătate. Biblia *este*, în fapt cartea creștinilor. Nu încape îndoială că documentele Noului Testament care alcătuiesc a doua parte a Bibliei au fost scrise de oameni care au crezut ceea ce Isus a spus, și că ei au crezut și că documentele

Vechiului Testament priveau înainte către venirea Lui. Ei erau credincioși. Acest lucru este incontestabil. Dar asta *nu înseamnă* că acei oameni ar fi avut vreo agendă ascunsă. Dar care ar fi putut să fie agenda lor? Să își câștige un renume? Să strângă bani? Să devină lideri puternici ai unei biserici foarte bogate? Evident, poți specula, dar dacă asta aveau ei în plan, atunci planul lor a eșuat spectaculos. Majoritatea celor care au scris documentele Noului Testament știau că puteau fi uciși pentru ceea ce spuneau despre Isus. *Și totuși au continuat să spună acele lucruri.*

Înțelegi ideea? Dacă scopul tău în a relata ceva în scris este doar să fii observat de alții, să devii puternic sau să se îmbogățești, nu vei rămâne alipit de povestea respectivă atunci când funia se apropie de par și când ești pe punctul de a-ți pierde capul. Singurul fel în care rămâi alipit de ceea ce ai scris în astfel de circumstanțe este cel în care țelul tău este să le spui altora *ce s-a petrecut* cu adevărat. Și asta avem noi în Biblie – o colecție de relatări ale martorilor oculari care au crezut ceea ce Isus a spus și care au scris cărțile lor ca să ofere o descriere precisă despre cine era El, ce a spus El și ce a făcut El. Așadar, cum ajungi să Îl cunoști pe Isus? Cea mai bună cale este să citești acele documente – adică să citești Biblia.

Evident, creștinii cred că Biblia este mai mult decât o simplă colecție conținând cele mai bune informații pe care le putem obține despre Isus. Ei cred că ea este Cuvântul lui Dumnezeu, sensul fiind că Dumnezeu însuși i-a condus pe oamenii care au scris Biblia astfel încât ei au scris ceea ce El însuși a dorit să spună și, prin urmare, tot ceea ei au scris este absolut adevărat. Probabil că te gândești deja la asta, dar eu însumi sunt creștin, și cred asta despre Biblie.

Dar poate că acesta este un aspect prea îndepărtat peste care tu să treci în acest moment. Nu am de ce să mă supăr. Chiar dacă nu crezi că Biblia este Cuvântul lui Dumnezeu, documentele pe care ea le conține sunt totuși mărturii istorice. Ele rămân scrierile oamenilor care au dorit să relateze clar lucrurile despre Isus. Așa că, dacă nu accepți mai mult, măcar tratează-le în felul acesta pentru moment. Pune întrebări despre ele, citește-le cu ochi critic și atent, așa cum ai face cu orice document istoric. Întreabă-te, „Cred sau nu că acest lucru este adevărat?" Ceea ce îți cer este să tratezi cinstit aceste documente. Nu le arunca pur și simplu într-o doară în vreo cutie etichetată „gunoaie religioase", hotărând de la început că trebuie să fie prostești, primitive și false.

Ei bine, cei care au scris documentele din Noul Testament erau oameni înțelepți. Ei erau locuitori și chiar cetățeni ai celui mai puternic imperiu de pe fața pământului. Ei citeau lucrări de filosofie și literatură care se citesc și azi în școlile noastre. (De fapt, dacă ești ca mine, ar trebui să știi că ei citeau acele cărți probabil mult mai atent și cu mai multă profunzime decât le-ai citit tu vreodată!) Mai mult, ei cunoșteau diferența dintre realitate și ficțiune. Ei știau ce erau amăgirea și înșelăciunea, și au înțeles cum acele lucruri erau diferite de istorie și adevăr. În fapt, autorii Noului Testament au susținut deosebirile dintre astfel de lucruri cu mult mai atent și mai tăios decât o facem noi de obicei. Iar ceea ce îți dai seama când citești scrierile lor este că ei au crezut ceea ce scriau despre acest om Isus. Ei erau *uimiți* de acestea, dar le-au crezut și au dorit ca și alții să le creadă. De aceea, au scris cu nădejdea ca oamenii să le citească scrierile, să ajungă să Îl cunoască pe Isus așa cum Îl cunoșteau ei și, probabil, să își dea seama că El este în fapt vrednic să fie crezut și vrednic de încredere.

Și asta este ceea ce eu sper să facă această scurtă carte pentru tine, anume să te ajute să ajungi să Îl cunoști pe Isus prin scrierile acelor primi creștini. Nu vom analiza pagină cu pagină din toate documentele Noului Testament. În schimb, vom folosi toate acele surse încercând să Îl cunoaștem pe Isus în același fel în care acela care Îl urma L-a cunoscut – mai întâi ca pe un om extraordinar care a făcut lucruri cu totul neașteptate, dar apoi conștientizând rapid că „extraordinar" nici măcar nu începe să Îl descrie. El era un om care a pretins că este un Profet, un Mântuitor, un Împărat și chiar Dumnezeu însuși – un om ai cărui ascultători ar fi fost perfect îndreptățiți să Îl socotească drept lunatic sau șarlatan dacă El n-ar fi *continuat* să facă lucruri care să dovedească pretențiile respective! Apoi El i-a tratat pe oameni atât de neașteptat – având compasiune față de proscriși, mânie față de cei puternici și dragoste față de cei nevrednici de a fi iubiți. Peste toate acestea și în ciuda pretențiilor Lui, Isus nu a acționat ca un împărat sau ca un zeu. Când I s-a oferit o coroană, El a refuzat-o, le-a spus ucenicilor Lui să nu le spună altora cine era El în realitate, și a vorbit în schimb despre felul cum liderii aveau să Îl răstignească în curând ca pe un infractor de drept comun. Dar apoi El a vorbit ca și cum, în tot acest timp, totul era parte din planul Lui inițial. Puțin câte puțin, pe măsură ce ei Îl vedeau și Îl auzeau, ucenicii lui Isus au ajuns să creadă că El era mai mult decât un simplu om extraordinar. El era mai mult decât un învățător, mai mul decât un profet, mai mult decât un revoluționar, chiar mai mult decât un împărat. Așa cum a spus unul dintre ei într-o seară, „Tu ești Hristosul, Fiul Dumnezeului celui viu!" (Matei 16:16).

CEA MAI IMPORTANTĂ ÎNTREBARE DIN VIAȚĂ

Deci cine este Isus? Aceasta a fost dintotdeauna întrebarea esențială. Din momentul când păstorii au venit la staul pretinzând că îngerii le-au spus despre nașterea Lui, până în ziua când El i-a uimit pe ucenici liniștind marea și în momentul când soarele s-a oprit din strălucire în ziua morții Sale, toți oamenii s-au întrebat: „Cine este acest om?"

Poate că ai luat această carte neștiind mai nimic despre Isus. Poate că deja știi câte ceva despre Isus. În orice caz, eu sper că, pe măsură ce vei continua să citești și să analizăm împreună viața Lui, vei începe să Îl cunoști mai bine pe Isus – nu atât de mult ca și cum ai trata un subiect academic sau ca și cum ai studia un personaj religios, ci ca pe omul pe care primii creștini L-au cunoscut personal și ca pe un prieten al lor. Sper că vei vedea ce anume i-a uimit pe aceștia la Isus, și sper că vei încheia lectura acestei cărți înțelegând de ce milioane de oameni spun că „El este omul în care îmi pun încrederea pentru veșnicie".

Dincolo de asta, mai sper și că această carte te va provoca să tratezi cu seriozitate afirmațiile lui Isus. Când cineva pretinde că este Dumnezeul tău, este clar că nu ai decât două alternative, nu-i așa? Poți să respingi sau poți să accepți acea pretenție. Ceea ce *nu poți* face, cel puțin nu pentru o vreme îndelungată, este să amâni analiza și doar să aștepți să vezi cum se vor derula lucrurile în viitor. Isus a pretins anumite lucruri uimitoare despre Sine, dar și despre tine. Indiferent dacă îți place sau nu, acest lucru are implicații radicale pentru viața ta. De aceea, sper că această carte te va provoca să te gândești profund la Isus, te va ajuta să vezi mai clar acele pretenții și implicații, și te va conduce către un răspuns ferm la întrebarea – Cine este Isus?

Aceasta este cu adevărat cea mai importantă întrebare pe care o vei lua vreodată în considerare.

2

UN OM EXTRAORDINAR, ȘI APOI...

Era ora 7:50 într-o dimineață de vineri când un om aparent obișnuit s-a urcat pe o scară rulantă de la o stație de metrou aglomerată din Washington, DC, s-a rezemat de un perete și a început să cânte la vioară. El și-a scos instrumentul evident vechi, al cărui lac părea că se tocise pe alocuri până la lemn, după care a întins o cutie în jur pentru a primi orice fel de donații pe care trecătorii ar fi putut să i le ofere. Apoi a început să cânte.

Timp de 45 de minute, câtă vreme acel om a cântat un grup de partituri clasice, peste o mie de călători grăbiți au trecut pe lângă el. Unul sau doi au dat din cap, bucurându-se clar de sunetul viorii, dar în jurul lui nu s-a strâns o mulțime. Un cetățean și-a dat seama că avea trei minute la dispoziție, așa că s-a rezemat de o coloană și a ascultat – exact trei minute. Cu toate acestea, majoritatea oamenilor pur și simplu și-au văzut de drumul lor, și-au citit ziarele, au ascultat muzică la căști, grăbindu-se către orice fel de întâlnire aveau în agendele lor.

Muzica era bună. Ea părea că umple acea arcadă, dansând și curgând cu o precizie incredibilă, făcându-i pe câțiva oameni să se gândească mai târziu că, cel puțin pentru acele câteva secunde cât i-au acordat atenție, suna destul de special. Muzicianul în sine nu era foarte atractiv – era îmbrăcat cu un tricou negru, cu mâneci lungi, și cu niște pantaloni negri, la care se adăuga o șapcă de baseball cu însemnele echipei Washington Nationals – dar chiar și așa, dacă te opreai să îl asculți, nu puteai să nu observi că era mai mult decât un simplu muzician care cânta la vioară pentru ceva mărunțiș. Ca muzician, acest individ era destul de uimitor. Cineva chiar a comentat un pic mai târziu spunând că „majoritatea oamenilor care cântă muzică nu o *simt*". Ei bine, acest om o simțea. Era mișcătoare pentru urechile omului. Se pare că mișca sunetul ei. Dacă doar l-ai fi ascultat, ai fi spus că „puteai să conchizi într-o singură secundă că acest tip era foarte bun".[1]

Desigur, puteai face asta, pentru că el nu era *orice* muzician care cânta la vioară în aceea dimineață de vineri, la stația de metrou. El nu era nici măcar un muzician extraordinar. Era Joshua Bell, un virtuoz internațional în vârstă de 39 de ani, care cântă în mod obișnuit în cele mai celebre săli din lume, înaintea mulțimilor care îl respectă atât de mult, încât se abțin să tușească până la pauză. Și nu doar atât, ci în acea dimineață, Bell cânta una dintre cele mai speciale piese de muzică barocă scrisă vreodată,

---

[1] Gene Weingarten, "Pearls Before Breakfast," The Washington Post, April 2007.

făcând acest lucru folosind un Stradivarius vechi de 300 de ani, o vioară cu o valoare estimată la circa 3,5 milioane $!

Întreaga scenă era gândită să fie frumoasă: cea mai frumoasă muzică scrisă vreodată, cântată pe unul dintre cele mai calibrate instrumente construite vreodată, de către unul dintre cei mai talentați muzicieni în viață. Cu toate acestea, pentru a vedea frumusețea acestei scene trebuia să te oprești și să fii atent.

MAI MULT DECÂT EXTRAORDINAR

Atâtea momente ale vieții sunt de felul acesta, nu-i așa? În toată graba și aglomerația muncii, familiei, prietenilor, facturilor și recreațiilor, lucruri precum frumusețea și măreția ajung să ne scape din vedere. Nu mai avem timp să le apreciem, pentru că asta ar cere de la noi să ne oprim și să acordăm atenție și altor lucruri, dincolo de cele urgente.

Același lucru este valabil când vine vorba de Isus. Dacă suntem familiarizați cu El în oricât de mică măsură, majoritatea dintre noi Îl cunoaștem în realitate doar superficial. Poate că știm câteva dintre cele mai faimoase povești despre El, sau poate că putem cita chiar unele dintre spusele Sale celebre. Nu încape îndoială că, în vremea Lui, exista ceva la Isus care le atrăgea atenția oamenilor. El era un om extraordinar. Dar dacă vrei cu adevărat să Îl cunoști pe Isus – să înțelegi și să conștientizezi importanța Lui – trebuie să te uiți cu mai multă insistență. Trebuie să treci dincolo de dezbaterile obișnuite, de bucățile obișnuite de informație, de poveștile care îți sună familiar, pentru a putea vedea ce anume stă dincolo de suprafață. Întrucât situația este asemănătoare cu a violonistului de la metrou, ar fi o greșeală tragică să Îl ignorăm pe Isus socotindu-L un *simplu* om extraordinar.

De aceea, hai să fim onești. Chiar dacă nu ești felul de om „religios", chiar dacă nu accepți imediat ideea că Isus era Fiul lui Dumnezeu sau Mântuitorul lumii, trebuie să accepți măcar că El avea ceva care atrăgea atenția. El a făcut anumite lucruri în mod repetat, lucruri care au captat privirile contemporanilor Lui, făcând afirmații care îi lăsau uimiți pe aceștia ca urmare a înțelepciunii Lui și chiar i-a confruntat în modalități care i-au lăsat rătăcind în jur, în căutarea unei căi de a înțelege tot ce se petrecea.

La prima vedere, a fi fost ușor să Îl confunzi pe Isus cu unul dintre sutele de învățători religioși care debutau, se ridicau, decădeau și dispăreau în și în jurul Ierusalimului primului secol. Învățătura religioasă nu era în acele vremuri așa cum este astăzi. Da, oamenii ascultau ca să capete învățătură, ca să înțeleagă Scripturile mai bine și ca să învețe cum să trăiască mai neprihănit, dar, indiferent dacă îți vine să crezi sau nu, ei ascultau învățătura religioasă și doar pentru o banală distracție. La urma urmei, dacă nu ai filme, televiziune și smartphone-uri, ce să faci ca să te distrezi? Îți faci pachetul pentru picnic, și te duci să asculți un predicator!

CAPITOLUL 2

Oricât de ciudat pare acest lucru, el ne poate ajuta și să înțelegem cât de neobișnuit de *bun* era Isus ca învățător. Deoarece oamenii din Israelul din primul secol ascultau atât de mulți învățători, și atât de des, ei aveau opinii despre aceștia la fel de bine șlefuite ca opiniile noastre despre anumiți actori de film. Ca să exprim lucrurile mai blând, acești evrei nu erau ușor de impresionat. De aceea, merită să ne oprim ca să observăm ce anume se petrecea când Biblia spune în repetate rânduri că oamenii erau uimiți de învățătura lui Isus.

Acea afirmație incredibilă apare în Evanghelii – cele patru relatării biblice despre viața lui Isus – de nu mai puțin de zece ori (Matei 7:28; 13:54; 19:25; 22:33; Marcu 1:22; 6:2; 7:37; 10:26; 11:18; Luca 4:32). Iată un exemplu, relatat de Matei după ce Isus a predicat pe munte: „După ce a sfârșit Isus cuvântările acestea, noroadele au rămas uimite de învățătura Lui; căci El îi învăța ca unul care avea putere, nu cum îi învățau cărturarii lor" (Matei 7:28-29). Nu rata elementul esențial de aici! Oamenii spuneau că cei al căror rol era să propovăduiască cu autoritate – cărturarii – nu puteau nici măcar să se compare de Isus și cu învățătura Lui. Se părea că oriunde mergea El și ori de câte ori predica, lucrurile erau spectaculoase.

Uneori emoția era descrisă prin cuvinte diferite. Iată reacția oamenilor față de primul moment când El a predicat în orașul natal: „toți Îl vorbeau de bine, se mirau de cuvintele pline de har, care ieșeau din gura Lui" (Luca 4:22).

Și iată care a fost reacția într-un mic sat de pescari numit Capernaum: „oamenii erau uimiți de învățătura Lui; căci îi învăța ca unul care are putere" (Marcu 1:22).

Și iarăși în localitatea natală: „Mulți, când Îl auzeau, se mirau și ziceau: ,De unde are El aceste lucruri? Ce fel de înțelepciune este aceasta, care I-a fost dată?'" (Marcu 6:2).

Apoi într-o mulțime uriașă, în Ierusalim, la templu: „Preoții cei mai de seamă și cărturarii, când au auzit cuvintele acestea... se temeau de El, pentru că tot norodul era uimit de învățătura Lui" (Marcu 11:18).

Reacția repetată față de Isus era uneori un fel de necredință sălbatică, una care se manifesta prin scuturarea capetelor oamenilor (v. și Matei 13:54; 22:22, 33). Într-o societate care considera învățătura ca una dintre principalele forme de distracție publică, Isus părea că primește aprecieri extraordinare!

DE CE ATÂT DE UIMITOR

Dar de ce? Ce era atât de neobișnuit și atrăgea atât de mult atenția în învățătura lui Isus? Parțial, cauza era că, odată ce oamenii au început să Îl provoace și să Îi pună întrebări, Isus se dovedea a fi ca un maestru la șah. El pur și simplu a refuzat să Se lase prins în capcane verbale și intelectuale, și, în realitate, a reușit întotdeauna să întoarcă armele împotriva acelora care încercau să Îl provoace. Chiar în astfel de situații, El a purtat discuțiile nu doar ca să câștige dispute, ci pentru a-l provoca spiritual pe orice om care îl asculta. Iată un exemplu. Matei 22 relatează un moment când Isus propovăduia în templul din Ierusalim, când un grup de lideri evrei L-au abordat ca să Îl provoace. Aceasta n-a fost o întâlnire accidentală. Acești lideri plănuiseră toată povestea. Narațiunea chiar începe spunând că fariseii „s-au sfătuit cum să-L prindă pe Isus cu vorba". Ei voiau să facă acest lucru public, așa că s-au dus până acolo unde Isus propovăduia în templu, probabil făcându-și loc prin mulțime, și L-au întrerupt.

Ei L-au abordat la început cu lingușeli. „Învățătorule", au spus ei mieros, „știm că ești adevărat, și că îi înveți pe oameni calea lui Dumnezeu în adevăr, fără să-Ți pese de nimeni, pentru că nu cauți la fața oamenilor". Poți să-ți dai seama ce încercau ei să facă aici – anume voiau să-L forțeze pe Isus să răspundă, dar implicația lor era că, dacă El nu răspundea, era un șarlatan și un laș.

De aceea, odată ce au așezat scena, ei Îi pun o întrebare: „Spune-ne dar, ce crezi? Se cade să-i plătim bir Cezarului sau nu?" (Matei 22:15-17). Trebuie să le fi luat ceva timp și planificare ca să pună acea întrebare, pentru că ea este deosebită în precizia ei. Felul în care a fost exprimată voia să Îl încolțească pe Isus și, într-un fel sau altul, să pună capăt influenței Lui și probabil chiar să Îl facă să ajungă arestat. Iată de ce. În acele vremuri, opinia prevalentă printre fariseii – și ei învățau poporul în felul acesta – era că dacă îi acordai cinste oricât de puțină și dacă plăteai taxe unei guvernări străine, acela era considerat un act *păcătos*. Ei credeau că, dacă procedai astfel, inevitabil îl dezonorai pe Dumnezeu însuși. De aceea, cum crezi că voiau fariseii să-L vadă pe Isus răspunzând la această întrebare? Fiind de acord în public cu ei că plata taxelor era nelegitimă și implicit dezonorantă la adresa lui Dumnezeu, sau nu?

Adevărul este că lor nu le păsa câtuși de puțin de felul în care Isus avea să răspundă. *Indiferent* de răspuns, ei credeau că L-au prins în capcană. Pe de o parte, dacă Isus ar fi spus, „da, este corect să plătești taxe", mulțimea avea să fie furioasă, iar influența lui Isus avea să fie zguduită. Pe de altă parte, dacă El ar fi spus, „Nu, nu plătiți taxe", risca să le stârnească furia romanilor, pentru că incita la nesupunere civilă și probabil ajungea arestat – caz în care influența Lui se încheia. *Indiferent* de răspuns, asta este ceea ce fariseii doreau – sfârșitul lui Isus ca o forță în societate. Dar Isus a evitat capcana, întorcând întreaga întrebare pe dos și lăsându-i din nou pe toți uluiți.

El a spus: „Arătați-Mi banul birului". Ei au adus o monedă. Isus s-a uitat la ea și a arătat-o mulțimii: „Chipul acesta și slovele scrise pe el, ale cui sunt?" Aceasta era o întrebare ușoară. „Ale Cezarului", au răspuns ei. Iar mulțimea avea dreptate. Pe monedă erau fața și numele împăratului Tiberius Cezar. Era moneda lui. Îi aparținea. Pe monedă era imprimată fața lui și era bătută la monetăriile lui, așa că evreii erau evident fericiți să folosească acele monede în tranzacțiile lor. Având în vedere acest lucru, de ce să nu-i dea înapoi lui Cezar ceea ce era în mod evident al lui? De aceea, Isus le-a spus: „Dați dar Cezarului ce este al Cezarului, și lui Dumnezeu ce este al lui Dumnezeu" (Matei 22:19-21).

Acesta pare un răspuns destul de direct, nu-i așa? *Este moneda lui Cezar, așa că plătiți taxe.* Și totuși, Biblia spune că, atunci când oamenii au auzit aceste vorbe, ei s-au minunat. De ce? Păi, în primul rând, Isus tocmai redefinise felul în care evreii trebuiau să gândească relația lor cu romanii și lovise în același timp în învățătura fariseilor. Indiferent cum priveai la această problemă, pur și simplu nu era un lucru dezonorant la adresa lui Dumnezeu să îi dai lui Cezar ceea ce era de drept și evident al lui.

Dar exista un alt nivel al profunzimii în ceea ce Isus a spus, care i-a lăsat pe oameni uluiți. Gândește-te la întrebarea pe care Isus a pus-o atunci când a ridicat moneda înaintea mulțimii: „Chipul acesta al cui este?", a spus El, iar când aceștia I-au spus că erau ale lui Cezar, Isus a luat aceea ca pe o dovadă a proprietății. Pe monedă era chipul lui Cezar, motiv pentru care era proprietarul acelei monede, așa că trebuie să-i dai lui Cezar ceea ce este al lui. Dar – și aici este elementul profund – trebuie să-I dai și lui Dumnezeu ceea ce este al lui Dumnezeu. Cu alte cuvinte, trebuie să-I dai lui Dumnezeu ceea ce are chipul *Lui* impregnat pe el. Și ce anume este acel lucru?

Evident, orice om din mulțime a înțeles imediat despre ce era vorba. Isus vorbea despre Geneza 1:26-27, unde

Dumnezeu a anunțat planurile Sale de a crea omul spunând: „Să facem om după chipul Nostru, după asemănarea Noastră... Dumnezeu l-a făcut pe om după chipul Său, l-a făcut după chipul lui Dumnezeu". Înțelegi? Isus le vorbea oamenilor despre ceva mult mai profund decât o filozofie politică. El spune că, *la fel* cum chipul lui Cezar se află pe monede, tot așa *chipul lui Dumnezeu* este reflectat în chiar miezul ființei tale. De aceea, tu Îi aparții lui Dumnezeu! Da, există o anumită cinste care trebuie să-i fie dată lui Cezar atunci când recunoști chipul lui și îi dai înapoi moneda care îi aparține. Dar o onoare infinit mai mare Îi este dată lui Dumnezeu când recunoști chipul *Lui* din tine și când I *te dedici* – cu inima, sufletul, mintea și puterea ta.

Sper că poți înțelege ceea ce Isus îi spunea mulțimii care Îl asculta. Mai important decât orice discuție despre programe politice sau despre relația dintre popoare este chestiunea relației fiecărei ființe umane cu Dumnezeu. Isus spunea că noi toți suntem creați de Dumnezeu și că, în fapt, *tu* însuți ești creat de El. Ești creat după chipul și asemănarea Lui, așa că Îi aparții și dai socoteală înaintea Lui. De aceea, spune Isus, trebuie să-I dai lui Dumnezeu ceea ce Îi aparține de drept – nimic altceva decât întreaga ta ființă.

NIMENI NU A MAI FĂCUT ASTFEL DE LUCRURI

Nu ar trebui să ne mire că oamenii erau uimiți de învățătura lui Isus. În doar câteva fraze, El a reușit să tragă preșul de sub picioarele celor care voiau să Îl provoace, să redefinească teologia politică prevalentă din vremea Lui și, în același timp, să ajungă la cel mai fundamental act al existenței omului. Acel fel de învățătură trebuie să fi fost suficient pentru a atrage în sine o mulțime către El!

Dar au existat apoi minunile Lui. Sute și sute de oameni au văzut cu ochii lor cum Isus făcea lucruri pe care nicio ființă omenească n-ar fi putut să le facă. El a vindecat oameni de boli incurabile, a transformat instantaneu apa în vin nobil, le-a spus oamenilor șchiopi să meargă, și ei au mers, le-a redat mintea sănătoasă celora care ajunseseră deznădăjduit de nebuni. El chiar a făcut așa încât oamenii care muriseră să revină la viață.

Era imposibil ca oamenii din acele vremuri să fie păcăliți cu trucuri care să fi mimat astfel de lucruri. Ei trăiseră în vremuri de demult, dar asta nu înseamnă că erau primitivi sau înguști la minte. Ei nu umblau de colo colo pretinzând că vedeau minuni în fiecare zi. În fapt, acesta este motivul pentru care, de fiecare dată când citești un paragraf din Biblie, poți vedea pe cineva stând cu ochii uimiți în timp ce vedea ceea ce Isus făcea. Acești oameni erau surprinși să Îl vadă pe Isus făcând minuni! Ba mai important, tocmai pentru că atât de mulți oameni încercau să își facă o reputație de lideri religioși, evreii din primul secol deveniseră incredibil de buni în identificarea șarlatanilor și a farsorilor. Ei erau maeștri în a privi dincolo de iluziile magicienilor și în a-și scutura capetele râzând în timp ce se descotoroseau de un alt individ care încerca să se dea făcător de minuni, când totul nu era decât un truc. Ultimul lucru pe care l-ai fi putut spune despre acești oameni ar fi fost că ei erau ușor de păcălit.

Dar Isus i-a lăsat pe toți uimiți. Spre deosebire de toți ceilalți, acest om era cu adevărat extraordinar. Ceilalți indivizi scoteau iepuri din jobene, dar Isus vindeca sute de oameni, chiar până acolo încât era epuizat fizic și trebuia să se odihnească. El a luat doi pești și cinci pâini, făcând din ele hrană pentru cinci mii de oameni, oameni care au devenit dintr-o dată cinci mii de martori oculari ai evenimentului. El s-a oprit lângă un om care fusese șchiop de mulți ani și i-a spus să se ridice și să umble – și așa a făcut acel om. El s-a ridicat pe puntea unei bărci și i-a spus mării să se liniștească, și așa s-a făcut. El a stat în fața mormântului un om care fusese mort deja de patru zile, și l-a chemat înapoi la viață. Acel om L-a auzit, s-a ridicat și a ieșit pe picioarele lui din mormânt (Matei 8:24–27; 9:6–7; 14:13–21; Ioan 11:43).

Nimeni altcineva nu a făcut astfel de lucruri. Niciodată. Iar oamenii erau uimiți.

TOTUL CU UN SCOP

Dar chiar și așa au existat mai multe lucruri de observat la El. Dacă ai fi fost atent cu adevărat, ai fi fost mai mult decât uimit și ai fi început să îți pui întrebări mai profunde despre *scopul* pentru care Isus făcea toate acestea, și ai fi început să îți dai seama că totul avea un rost anume.

Vezi tu, prin fiecare dintre minunile și predicile Sale, Isus emitea și susținea *pretenții* despre Sine pe care nicio ființă omenească nu le făcuse până atunci. Să luăm exemplul celei mai cunoscute predici a lui Isus, Predica de pe Munte din Matei 5-7. La prima vedere, ea pare aproape monotonă, moralistă, ca un fel de discurs deranjant de genul trăiește-așa-nu-așa. Nu jura; nu curvi; nu pofti; nu te mânia! Dar dacă vei privi din nou, îți vei da seama că ideea de „cum să te porți" nu este deloc esența mesajului Lui. De fapt, Predica de pe Munte are de-a face în primul rând cu Isus, care emite o pretenție îndrăzneață că are dreptul să *interpreteze Legea Vechiului Testament* – să spună ce sens și ce scop a avut ea de la bun început! Iată de ce Isus spune repetat în acea predică, „Ați auzit că s-a zis... dar *Eu* vă spun" (Matei 5:21–44). Accentul este pus pe *Eu*. Isus emite o pretenție radicală că El este Legiuitorul de drept al poporului Israel. Mai mult, fii atent la *locul* în care face El această pretenție – intenționat pe vârful unui munte pentru că, după cum orice evreu și-ar fi amintit, marele Legiuitor (adică Dumnezeu) i-a dat poporului Său Legea Vechiului Testament vorbindu-le tot de pe *vârful unui munte!* (Exod 19:16-20). Înțelegi, nu-i așa? Isus pretindea că are o autoritate uluitoare, pe care nimeni altcineva nu ar fi îndrăznit să o pretindă.

Apoi a fost ceea ce El i-a spus Martei la mormântul fratelui ei mort: „Fratele tău va învia". Se pare că Marta a apreciat cuvintele mângâietoare. „Știu", a răspuns ea, „că va învia la înviere, în ziua de apoi". Cu alte cuvinte, da, da, știu; Îți mulțumesc pentru gândurile Tale blânde; sunt foarte mângâietoare pentru mine, în perioada asta grea. Dar ea nu înțelesese ce a vrut Isus să spună. Ar fi fost suficient de uluitor dacă Isus i-ar fi spus atunci, „nu, vreau să spun că el va învia în câteva minute, când îi voi spune Eu să învieze". Dar El a spus mai mult decât atât: „Eu *sunt* învierea. Eu *sunt* viața" (v. Ioan 11:23-25). Nu trece ușor pe lângă acest pasaj! El n-a spus pur și simplu că *poate da* viață. Nu, ci El a spus: Eu *sunt* viața!

Ce fel de om poate spune astfel de lucruri? Ce fel de om îl aude pe prietenul lui spunându-i uimit: „Tu ești Hristosul, Fiul Dumnezeului celui viu", și să îi răspundă, în esență, aceasta: „Exact. Și Dumnezeu însuși ți-a spus asta"? Ce fel de om este întrebat de liderii poporului său, „Ești Tu, Hristosul, Fiul Celui binecuvântat?" și să le răspundă: „Da, sunt! Ba mai mult, vă spun că de acum încolo Îl veți vedea pe Fiul omului șezând la dreapta puterii lui Dumnezeu, și venind pe norii cerului" (v. Matei 16:16-17; 26:63–64).

Desigur, nu un om obișnuit, nu unul care doar vrea să fie recunoscut ca un mare învățător, cinstit ca o persoană bună sau onorat ca un filosof influent. Nu cineva care vorbește despre sine în acești termeni, pretinzând lucruri mai mărețe, mai glorioase și mai zguduitor de profunde decât orice altceva. Și tocmai asta făcea Isus, cel puțin înaintea celor care erau atenți la El.

El pretindea că este Împăratul Israelului și al omenirii.

3

ÎMPĂRATUL ISRAELULUI ȘI ÎMPĂRATUL ÎMPĂRAȚILOR

În anul 1597, William Shakespeare l-a ilustrat pe Henry al IV-lea plângându-se de responsabilitățile sale regale. „Oare câte mii dintre cei mai neînsemnați supuși ai mei", se văicărea regele, „dorm chiar în clipa asta!"[1] Și a continuat întrebându-se de ce Somnul ar trăi mai bine în colibele săracilor decât în palatele unui rege, putând să-i dea darul odihnei unui tânăr marinar îmbibat de apă, lovit de mare din toate părțile, în timp ce i l-ar refuza unui rege, în tot confortul lui liniștit. „Neliniștea pleacă orice cap încoronat!", plângea Henry.[2]

Acel pasaj din Shakespeare este captivant pentru că are în el o ironie profundă. Noi credem că regii au de toate. Ei sunt bogați și puternici; au armate care să îi protejeze, palate luxoase care să îi adăpostească și slujitori care să le satisfacă orice mofturi. Cine nu și-ar dori asta? Dar dacă știi câtuși de puțină istorie, știi și că Henry avea dreptate.

---

[1] William Shakespeare, *The History of Henry IV*, Part 2, act 3, scene 1.
[2] Ibid.

Departe de a-și permite întotdeauna o viață neîntreruptă de lux și desfătare, calitatea de rege aduce adesea cu ea multă agitație, temere și chiar paranoia. Odată ce ai coroana, preocuparea ta esențială este să o păstrezi, și mulți monarhi și-au dat seama prea târziu cât de dificil și periculos poate fi un astfel de rol!

Cu toate acestea, cred că ai putea spune că există un alt fel de persoană al cărei cap este și mai tulburat decât al unui rege – anume al celui ce pretinde că este rege, în timp ce nimeni nu îl recunoaște ca atare. Istoria s-a dovedit nemiloasă cu cei care au *pretins* coroane pe care nu le-au avut. Da, există o mică șansă de a câștiga și de a-ți face loc pe un tron, dar dezavantajele sunt masive. Dacă ești un doritor al cununii regale, dar unul care a eșuat, nu poți să scapi doar cerându-ți iertare și sperând că vei putea să îți continui viața în mod obișnuit. Cel mai probabil o vei sfârși pierzându-ți capul pe care ai dorit să așezi coroana!

Unul dintre lucrurile care fac viața lui Isus atât de captivantă este faptul că El s-a confruntat – dur – cu liderii din vremea Lui. El era un tâmplar sărac provenind dintr-o localitate rurală neînsemnată din nordul Israelului, un om care a ajuns să se confrunte nu doar cu liderii din poporul Său, ci și cu autoritățile romane dominatoare din regiune. Indiferent de celelalte aspecte, acesta este suficient ca să ne spună că nu avem de-a face cu un simplu lider religios, cineva care avea câteva proverbe interesante despre viață și despre cum să o trăim. Nu avem de-a face nici cu un simplu filozof moral sau un expert în probleme etice. Nu, pentru că, atunci când Isus stătea umilit și muribund pe crucea ridicată de romani, acuzația romanilor stătea pusă deasupra capului Lui și aceasta spunea – într-o batjocură sălbatică la adresa Lui și a întregii națiuni asuprite – „Acesta este Isus, Împăratul Iudeilor" (Matei 27:37).

Povestea lui Isus nu este povestea unui om bun. Ea este povestea Unuia care a pretins tronul.

TRONUL ISRAELULUI NU MAI ERA GOL

Așa cum arată Biblia, Isus Și-a început lucrarea publică ziua când a fost botezat în râul Iordan de un om pe nume Ioan Botezătorul.

Ioan predica de luni de zile că oamenii trebuiau să se pocăiască de păcatele lor (adică să se întoarcă de la ele) pentru că, spunea el, Împărăția lui Dumnezeu (adică domnia lui Dumnezeu pe pământ) era „aproape" (Matei 3:2). Cu alte cuvinte, Împăratul ales al lui Dumnezeu urma să fie descoperit, iar oamenii aveau nevoie disperată să se pregătească pentru venirea Lui. Ca un semn al pocăinței lor, Ioan le-a cerut oamenilor să se lase scufundați în apa râului, simbolizând astfel curățarea lor de păcat și nelegiuire. Faptul că Isus a fost botezat în *acest fel* este plin de importanță, și vom reveni la el în scurt timp. Totuși, pentru moment, este suficient să observăm că, atunci când Ioan Botezătorul L-a văzut pe Isus venind, el a crezut instantaneu că *Acesta* era Cel despre care predicase atâta vreme. Ioan a spus: „Iată Mielul lui Dumnezeu, care ridică păcatul lumii! El este Acela despre care ziceam: ,După mine vine un om, care este înaintea mea, căci era înainte de mine'" (Ioan 1:29-30).

Iar ideea era următoarea: Ioan știa că Împărăția lui Dumnezeu urma să fie întemeiată pe pământ. Acesta era principalul element al mesajului lui. Acum, el îndrepta privirile către Isus ca Împărat al acelei Împărății. Mai important este că acest aspect era mai mult decât o credință personală a lui Ioan. Așa cum Isus însuși spunea, Ioan era ultimul dintre profeții Vechiului Testament, la sfârșitul unui lung șir de bărbați al căror scop principal fusese să îndrepte privirile poporului către singurul Împărat adevărat pe care Dumnezeu avea să Îl trimită spre salvarea lor din păcate. Ioan declara acum că momentul venise. Împăratul era aici.

Se poate să fi auzit ce anume s-a petrecut ulterior. Biblia spune că, atunci când Isus a ieșit din apă în urma botezului Lui, „Duhul lui Dumnezeu S-a pogorât în chip de porumbel și a venit peste El. Și din ceruri s-a auzit un glas, care zicea: ,Acesta este Fiul Meu preaiubit, în care Îmi găsesc plăcerea'" (Matei 3:16-17). Importanța acestui eveniment nu ține doar de porumbel sau chiar de glasul pe care toți l-au înțeles corect ca fiind al lui Dumnezeu. Ceea ce este important se găsește mai mult în mesajul transmis de acel glas. Așa cum este uzual în Biblie, aproape fiecare cuvânt al ei este plin de semnificație, uneori presupunând

CAPITOLUL 3

mai multe sensuri. Dar un detaliu particular iese în evidență aici. Prin expresia „acesta este Fiul Meu cel preaiubit", Dumnezeu îl investea pe Isus cu vechea coroană a poporului Israel. Isus intra oficial în slujba de Împărat al iudeilor.

De unde știm acest lucru? Ei bine, expresia „fiul lui Dumnezeu" era un titlu foarte cunoscut atribuit împăratului lui Israel, și fusese folosită astfel încă din Vechiul Testament. Expresia își avea rădăcinile în exodul poporului Israel din sclavia egipteană. Când Dumnezeu a auzit rugăciunile evreilor care cereau salvarea din mâinile egiptenilor, El l-a confruntat pe faraonul Egiptului cu un avertisment: „,Israel este fiul Meu, întâiul Meu născut. Îți spun: ,Lasă-l pe fiul Meu să plece, ca să-Mi slujească'" (Exod 4:22–23). Aceasta era o declarație a dragostei fierbinți și deosebite pentru poporul Israel. Ea i-a socotit ca un popor diferit de toate celelalte națiuni ale lumii. Dumnezeu îl înștiința pe faraon că avea să lupte de partea Israelului pentru că îl iubea, pentru că aceștia erau fiii Lui.

După mulți ani, acea expresie „fiul lui Dumnezeu" i-a fost atribuită împăratului Israelului. Dumnezeu a spus despre marele rege David și despre moștenitorii lui că: „Eu îi voi fi Tată și el Îmi va fi fiu" (2 Sam. 7:14). Simbolismul este important: împăratul lui Israel este denumit „fiul lui Dumnezeu" (la fel ca poporul) pentru că el reprezintă întreaga națiune prin ființa sa. El acționează ca reprezentant al poporului, chiar ca substitut al lor înaintea lui Dumnezeu, așa încât ceea ce se petrece cu el la nivel individual se poate spune că se petrece cu poporul, ca întreg. În acel sens simbolic, împăratul *este* Israel.

Odată ce înțelegi acest lucru, poți vedea importanța copleșitoare a ceea ce Dumnezeu a spus despre botezul lui Isus. Da, El descria relația Tată-Fiu care a existat între El și Isus (și vom reveni la acest aspect), dar declara și că Isus intra acum oficial în lucrarea Sa de reprezentare a Israelului, ca Împărat al lor. Din acel moment înainte, El avea să stea înaintea lui Dumnezeu ca Substitut al poporului Său, ca Reprezentant al lor, ca o Căpetenie a lor.

Isus a știut întotdeauna că rolul de împărat era de drept al Lui. Totuși, El le-a spus adesea oamenilor să păstreze pentru ei acel adevăr, și chiar a refuzat într-o circumstanță să-i lase pe oameni să Îl încununeze ca Împărat. Dar acestea nu s-au petrecut pentru că El ar fi respins acea calitate, ci pentru că El știa că trebuia să fie un fel diferit de împărat față de ceea ce oamenii se așteptau și doreau. El avea să ia coroana în termenii Lui, nu în termenii greșiți, revoluționari, ai oamenilor.

În fapt, Isus a acceptat aclamațiile regale *atunci când oamenii au înțeles în fapt ceea ce aclamau*. Matei 16 ne vorbește despre o noapte când Isus, tocmai după ce încheiase o altă confruntare cu liderii din Israel, i-a întrebat pe cei mai apropiați ucenici ai Lui cine credeau mulțimile că era El. Au existat multe răspunsuri. „Unii zic că ești Ioan Botezătorul", au raportat ucenicii Lui, „alții: Ilie; alții: Ieremia, sau unul dintre proroci". Se pare că Isus era atât de uimitor, încât oamenii presupuneau că El *trebuia* să fi fost cineva care se întorsese din morți! Indiferent ce gândeau oamenii, Isus a fost mai interesat de ceea ce credeau ucenicii Lui. De aceea, El i-a întrebat: „Dar *voi* cine ziceți că sunt?" Această întrebare i-a aruncat în centrul atenției, astfel că a existat un bărbat pe nume Simon, care a vorbit primul, și care a răspuns: „Tu ești Hristosul, Fiul Dumnezeului celui viu".

Eu cred că Simon voia să spună de fapt mai mult decât atât, dar cel puțin el Îl aclama pe Isus ca Împăratul lui Israel: Tu ești Unsul (asta înseamnă *Hristos* în limba greacă) lui Dumnezeu, Împăratul! Dar care a fost răspunsul lui Isus? El a acceptat aclamarea și a celebrat-o! „Ferice de tine, Simone, fiul lui Iona!", a spus El, „fiindcă nu carnea și sângele ți-a descoperit lucrul acesta, ci Tatăl Meu care este în ceruri". Simon – pe care Isus l-a numit imediat Petru – tocmai ce conștientizase că Isus deja îl cunoștea. Acesta era Împăratul de drept al Israelului (Matei 16:13-20).

În Luca 19 ne este relatată o altă circumstanță, în care Isus – cu o săptămână înainte de a fi răstignit pe cruce – a formulat o pretenție dramatică și foarte publică a calității Sale împărătești. Isus și ucenicii Lui mergeau către Ierusalim pentru a participa la sărbătoarea anuală a Paștelui. Este posibil ca sute de mii de oameni să fi participat în oraș la sărbătoarea din acea săptămână, pentru că era cea mai mare sărbătoare din calendarul anual evreiesc. Pe măsură ce se apropiau de oraș, Isus a trimis câțiva dintre ucenicii Lui înainte, într-un mic sat denumit Betfaghe și le-a spus să ia un măgăruș care îi va aștepta. Biblia spune apoi că Isus S-a așezat pe acel măgăruș și Și-a început scurta călătorie de la Betfaghe la Ierusalim, având în urma Lui o mulțime mare de oameni. Iată ce s-a petrecut ulterior:

> Și când S-a apropiat de Ierusalim, spre pogorâșul muntelui Măslinilor, toată mulțimea ucenicilor, plină de bucurie, a început să Îl laude pe Dumnezeu cu glas tare pentru toate minunile, pe care le văzuseră. Ei ziceau: „Binecuvântat este Împăratul care vine în Numele Domnului! Pace în Cer și slavă în locurile preaînalte!" (Luca 19:37-38).
>
> Cei mai mulți din norod își așterneau hainele pe drum; alții tăiau ramuri din copaci și le presărau pe drum. Noroadele care mergeau înaintea lui Isus și cele ce veneau în urmă, strigau: „Osana Fiul lui David! Binecuvântat este Cel ce vine în Numele Domnului! Osana în cerurile preaînalte!" (Matei 21:8-9).

Toată această agitație avea un anume înțeles. Nu doar că oamenii fluturau ramuri și își întindeau hainele pe drum în calea lui Isus – un răspuns tipic, simbolic, de supunere față de regalitate, ci ei Îl și numeau Împărat și declarau că este moștenitorul lui David! Pe deasupra, ei citau dintr-un cântec vechi pe care poporul obișnuia să-l folosească pentru a-și saluta împăratul pe când acesta se apropia de templu ca să aducă jertfe (Ps. 118:26). Întreaga scenă devenea un spectacol, iar Isus avea să atragă atenția. Auzind strigătele oamenilor și recunoscând ceea ce ei spuneau, unii dintre farisei erau scandalizați și s-au plâns înaintea lui Isus. „Învățătorule", au spus ei, „ceartă-Ți ucenicii!" Înțelegi ce făceau acești lideri de la templu? Ei voiau ca Isus să fie de acord cu ei asupra faptului că strigătele oamenilor ce exprimau aclamarea regală ar fi fost nepotrivite. Ei voiau ca El să respingă calitatea Sa regală. Dar Isus n-a vrut să facă acest lucru, ci le-a răspuns: „Vă spun că, dacă vor tăcea ei, pietrele vor striga" (Luca 19:39-40). Situația nu mai suporta amânare. Venise momentul, iar Împăratul sosea în capitala Sa.

Tronul lui Israel neocupat de aproape 600 de ani nu mai era gol.

UN ÎMPĂRAT REAL, PE UN TRON REAL, CU O ISTORIE REALĂ

Pentru noi, cei din aceste vremuri, este greu să înțelegem importanța deplină a ceea ce se petrecea în acea zi când Isus a intrat în Ierusalim. Eu cred că noi avem tendința de a presupune că oamenii se îngrămădeau în jurul lui Isus pentru că erau implicați pur și simplu într-un fel de joc de teatru religios agitat, iar totul avea să fie uitat când aceștia își reveneau în fire în final și mergeau acasă. Dar acești oameni nu proclamau un împărat religios pretins. Ei proclamau un Împărat *real*, care avea să Se așeze pe un scaun real de domnie, cu o istorie reală.

Poporul Israel nu a avut întotdeauna un împărat. La începuturile istoriei lui, când poporul nu era mai mult decât o familie extinsă, acesta a fost călăuzit mai întâi printr-o serie de patriarhi, apoi printr-o linie lungă de profeți și judecători, pe care Dumnezeu i-a ridicat ca să stăpânească și să protejeze poporul. Totuși, în final, evreii i-au cerut liderului lor profet, Samuel, să ungă un rege pentru ei. Samuel s-a împotrivit și i-a avertizat de relele pe care avea să le aducă un astfel de rege, dar poporul a insistat, și astfel a fost încununat un rege. Monarhia israelită a atins apogeul în timpul domniei regelui David, un păstoraș din satul Betleem, care a fost (surprinzător) ales de Dumnezeu să domnească peste popor. Binecuvântat și călăuzit de Dumnezeu însuși, David s-a bucurat de o creștere progresivă în Israel până ce, în final, a ocupat tronul în jurul anului 1000 î.d.Hr. El a unit cele 12 seminții ale Israelului sub o singură coroană, a subjugat vrăjmașii poporului, a cucerit Ierusalimul și a făcut din el capitala împărăției. Dincolo de toate acestea, Dumnezeu a promis că El avea să întărească dinastia lui David pe veci.

David a fost considerat cel mai mare dintre regii Israelului, așa încât poziția ocupată de el avea să fie denumită „regalitatea davidică", iar scaunul său de domnie „tronul lui David". David însuși a fost un războinic celebrat, un muzician cu mult talent, un viteaz și chiar un poet. El a scris peste jumătate din cântările din cartea Psalmilor și este ținut minte și astăzi ca model de credință și neprihănire. Asta nu înseamnă că David era perfect – nici pe departe – dar el a avut o dragoste profundă pentru Dumnezeu, un simțământ adânc al vinovăției și neajutorării sale, și o credință hotărâtă că Dumnezeu avea să îi arate îndurare și să îi ierte păcatele. Biblia chiar arată că Dumnezeu a afirmat că David era „un om după inima lui" (1 Sam. 13:14).

Când David a murit în anul 970 î.d.Hr., el a fost urmat la tron de fiul său, Solomon. Domnia lui Solomon a fost în multe feluri chiar mai glorioasă decât a tatălui său, cel puțin la început. Israelul a crescut mult în bogăție și influență, și părea că traversează o epocă de aur. Solomon a murit după o domnie de 40 de ani, deși, însă, după aceea, monarhia israelită a traversat o perioadă de haos. Războiul civil a izbucnit imediat și a divizat poporul în două împărății diferite – Israelul la nord și Iuda la Sud – iar următoarele câteva secole au fost martore ale unei decăderi uluitoare a liderilor ambelor națiuni în idolatrie și răutate. Un rege de la nord, Ahaz, este chiar menționat că și-a jertfit fiul unui zeu păgân, arzându-l de viu.

În mijlocul tuturor acestor evenimente, Dumnezeu a trimis profeți ca să avertizeze Israelul și Iuda să se întoarcă de la păcatele lor și să vină la Dumnezeu. Dacă ei aveau să facă acest lucru, Dumnezeu promitea că îi va ierta și le va restaura națiunea. Dacă nu, judecata și moartea aveau să urmeze. Niciunul dintre cele două popoare nu s-a pocăit. De aceea, în jurul anului 700 î.d.Hr., regatul nordic al Israelului a fost invadat de puternicul Imperiu Asirian, iar poporul a fost dus în exil. Regatul de sud, Iuda, a supraviețuit independent aproape încă un secol, până ce Nebucadnețar, din

Babilon, a invadat țara în anul 586 î.d.Hr., distrugând Ierusalimul și templul, și deportându-i pe oameni în Babilon. În ce privește regele davidic, acesta fusese capturat de babilonienii care au invadat țara și ei i-au scos ochii. Un țepuș i-a fost trecut prin nas și avea să fie purtat pe străzile Babilonului, unde a fost invitat să ia masa împreună cu Nebucadnețar pentru tot restul vieții lui. Chiar dacă acest detaliu ar putea să pară drăguț, totuși aceasta nu era o onoare, ci un fel de umilință. Regele davidic al Israelului era acum un orb, un biet dependent de împăratul Babilonului.

Odată cu trecerea anilor, chiar dacă Imperiul Persan a fost învins de babilonieni, grecii i-au învins pe persani, și ulterior romanii i-au cucerit pe greci, Israelul n-a mai reușit niciodată să-și restabilească independența sau tronul. Poporul a rămas vasal altor națiuni, fiind asuprit de acestea. Vreme de 600 de ani, tronul davidic a rămas gol, niciun om nemaiocupându-l.

Totuși, el nu a rămas golit de nădejde. Asta pentru că, de-a lungul cataclismului divizării, declinului și decăderii Israelului, profeții au continuat să prevestească o vreme când dinastia davidică avea să fie restaurată. În fapt, ei le-au spus israeliților că Dumnezeu avea să trimită într-o zi un Împărat care va domni de pe tronul lui David cu o neprihănire și o dreptate perfectă. El avea să fie uns de Duhul lui Dumnezeu însuși, avea să întoarcă inima poporului pentru a se închina doar lui Dumnezeu, și avea să domnească pe veci, cu înțelepciune, compasiune și dragoste. Și nu doar atât, ci Dumnezeu a promis că tronul lui David nu avea să fie doar unul național. El avea să-Și *universalizeze* autoritatea, astfel încât toate popoarele pământului urmau să vină la Ierusalim ca să Îi plătească tribut Împăratului lui Israel, Împăratul împăraților (v. ex. Isaia 9; 11; Mica 5).

Toate acele profeții trebuie să fi părut ridicole când evreii își vedeau regii căzând unul după altul în nelegiuire și sub judecata lui Dumnezeu. Și totul părea un deznodământ crud când ultimul rege davidic a implorat milă înaintea babilonienilor, când aceștia i-au scos ochii. Totuși, dacă poporul ar fi luat aminte cu atenție la profeții, ei ar fi văzut de asemenea că acest Împărat promis, despre care profeții vorbeau, nu avea să fie doar un *alt* om care să se ridice pe tron pentru o vreme, după care să moară. El părea să fie mult mai mult de atât. În fapt, dacă ei ar fi avut urechi de auzit, ar fi înțeles că Dumnezeul lor le promitea nu doar că urma să le trimită un împărat pentru Israel, ci că El însuși avea să *vină* și să *fie* Împăratul lor. Iată ce spune profetul Isaia despre nașterea acestui mare Împărat:

> Căci un Copil ni s-a născut, un Fiu ni s-a dat, și domnia va fi pe umărul Lui.

Nimic nu pare prea remarcabil aici, nu-i așa? Totul sună de parcă am avea de-a face cu orice fel de rege. Dar continuă să citești:

Îl vor numi: Minunat, Sfetnic, Dumnezeu tare, Părintele veșniciilor, Domn al păcii. El va face ca domnia Lui să crească, și o pace fără sfârșit va da scaunului de domnie al lui David și împărăției lui, o va întări și o va sprijini prin judecată și neprihănire, de acum și-n veci de veci (Isaia 9:6-7).

O, acesta nu mai este un împărat obișnuit. Niciun împărat obișnuit nu domnește „de acum *și-n veci de veci*". Niciun rege obișnuit nu are o stăpânirea care crește fără sfârșit. Niciun împărat obișnuit nu poate fi descris prin titluri precum Sfetnic, Părintele veșniciilor, Domn al păcii. Apoi, mai presus de toate, nimeni – împărat sau nu – nu își poate asuma pe drept numele de *Dumnezeu tare*. Adică nimeni, cu excepția lui Dumnezeu.

OCHII LARG DESCHIȘI ȘI MINTEA PLINĂ DE UIMIRE

Eu mi-l imaginez întotdeauna pe Simon Petru spunând acele cuvinte – „Tu ești Hristosul, Fiul Dumnezeului celui viu" – într-o șoaptă, cu ochii larg deschiși și cu mintea plină de uimire. Vezi tu, eu cred că totul începea să aibă sens pentru el. Da, regii din vechime fuseseră denumiți cu titlul „fiul lui Dumnezeu", și toți oamenii credeau că acela era doar un titlu. Dar nu era așa.

Acesta era felul lui Dumnezeu de a îndrepta privirile către viitor, către intenția Lui de a Se așeza *El însuși* pe scaunul de domnie al lui David. Așa cum au spus profeții, marele Împărat avea să fie „Fiul lui Dumnezeu", dar nu doar simbolic, cu titlul, ci în realitate. Dumnezeu însuși avea să fie Împăratul.

Iată ce a conștientizat Petru în acele momente. Omul care stătea în fața lui era Împăratul, Hristosul, Unsul lui Israel și, de aceea, El era deținătorul titlului de „Fiul lui Dumnezeu". Dar El era de asemenea unicul Fiu al lui Dumnezeu. El nu era doar Împăratul lui Israel, ci Împăratul împăraților.

Petru și-a dat seama astfel că acest om era Dumnezeu.

4

MARELE „EU SUNT"

Gândul că Isus era Dumnezeu nu i-a venit lui Petru de nicăieri. Adu-ți aminte că el fusese împreună cu Isus timp de mai multe luni de zile, văzându-L cum făcuse minuni, cum vindecase oameni altfel incurabili, și chiar înviindu-i pe unii din morți. Acele evenimente trebuie să fi fost suficiente pentru a pune pe cineva pe gânduri.

Dar apoi au existat și alte momente care puneau mintea în mișcare, momente când chiar și lumea naturală părea să se plece și să Îl onoreze pe Isus.

Una dintre aceste circumstanțe s-a petrecut aproape de începutul lucrării publice a lui Isus. Se vorbea peste tot că acest om putea să vindece bolnavi și să alunge demoni, așa că mulțimi uriașe de oameni au început să se înghesuie în jurul Lui. Isus i-a tratat cu răbdare și blândețe, petrecând ore întregi alungând duhuri și vindecând oamenii de bolile lor. Dar în această zi, Isus era obosit. Vindecase și slujise deja mai multe ore la rând pe malul Mării Galileei și, văzând o altă mulțime enormă venind înspre El, s-a suit cu ucenicii Lui într-o barcă și au început să vâslească spre celălalt mal.

Marea Galileei era foarte familiară pentru Isus și ucenicii Lui. O bună parte a lucrării de învățătură și vindecare a lui Isus a avut loc în jurul satelor de pescari dimprejurul mării, iar unii dintre ucenicii Lui – inclusiv Petru – își practicau meseria de pescari acolo înainte ca Isus să îi cheme să Îl urmeze. În fapt, Marea Galileei nu are dimensiuni impresionante. În fapt, nici măcar nu este chiar o mare, ci mai degrabă un lac cu apă dulce. Perimetrul ei este de doar circa 53 km, dar una dintre cele mai notabile trăsături ale ei este că se află la aproape 1200 m sub nivelul mării, fiind înconjurată de ravene adânci care dirijează vântul către ea, care poate atinge viteze foarte mari. Așadar, dincolo de faptul că era cunoscută pentru că era bine populată cu pești, Marea Galileei era și faimoasă pentru furtunile violente care se formau adeseori pe neașteptate.

Și tocmai asta s-a petrecut în ziua despre care vorbim aici, la câteva ore după ce Isus și ucenicii Lui s-au îmbarcat. Pe când au ajuns pe la mijlocul lacului, fiind prea departe ca să se mai întoarcă, s-a format pe el una dintre aceste furtuni deosebite. Și se pare că nu era o furtună oarecare. Matei, unul dintre ucenicii care era colo și fusese martorul multor furtuni în viața lui, a scris că ea era o *„furtună strașnică"*, atât de neobișnuit de violentă, încât el a folosit termenul *seismos* ca să o descrie (Matei 8:24). Nu era doar o furtună, pare că voia să ne transmită Matei; era un fel de cutremur pe apă! Așadar, cu vântul șuierând prin ravenele de pe malurile lacului și apoi pe suprafața lui, ucenicii s-au descoperit captivi pe o biată barcă lovită din toate părțile de valuri masive, în mijlocul unei mări violente.

Evident, acești bărbați au fost înspăimântați. Era un răspuns natural, căci mica lor barcă putea fi foarte ușor zdrobită și scufundată, și nimeni nu i-ar mai fi întâlnit vreodată. De aceea, s-au speriat. Isus, pe de altă parte, nu era deloc speriat. El dormea în spatele bărcii. Nu este deloc surprinzător că ucenicii au alergat la Isus, L-au trezit și au spus: „Doamne, scapă-ne, că pierim". Ei bine, acestea sunt cuvintele pe care Matei le-a relatat. Marcu spune că ucenicii L-au întrebat pe Isus: „Învățătorule, nu-Ți pasă că pierim?" Iar Luca redă următorul apel: „Învățătorule, Învățătorule, pierim!" (Matei 8:25; Marcu 4:38; Luca 8:24). Realitatea este că probabil că s-au spus *multe* lucruri în acel moment, dar ceva pare suficient de clar: ucenicii știau că dăduseră de necaz, și voiau ca Isus să facă ceva să îi ajute.

Hai să ne oprim pentru o clipă aici, pentru că este interesant că s-au dus la Isus cu această problemă, nu-i așa? Ce-ar fi vrut ei să facă Isus? Eu mă îndoiesc că ei aveau vreun plan în minte. Nu încape îndoială că ucenicii erau suficient de impresionați de Isus încât să se gândească la ideea că El ar fi putut face *ceva*. Pe de altă parte, este la fel de clar că niciunul n-a spus: „Știi ceva? Trebuie să ne calmăm. Dumnezeu doarme în spatele bărcii". De aceea, probabil că ei s-au așteptat ca El să îi protejeze cumva în timp ce furtuna răcnea sau să facă așa încât barca să înainteze mai repede, ori să-i transporte într-o clipă de cealaltă parte. Cine știe? Dar neîndoielnic de clar este că, în timp ce ei așteptau ceva de la El, nu s-au așteptat nicio clipă ca El să facă ceea ce a făcut în final.

Să ne întoarcem la întâmplarea noastră. În panica lor, ucenicii au alergat în spatele bărcii și L-au trezit pe Isus, iar El a făcut ceva absolut uluitor. El se ridică, probabil că Își freacă ochii, apoi *le vorbește* ucenicilor. „De ce vă este frică, puțin credincioșilor?" (Matei 8:26). Nu pot decât să mă întreb dacă nu cumva unul sau doi dintre ucenici – în special Petru – n-a fost ispitit să spună: „De ce ne este frică? Glumești!" Dar niciunul n-a zis nimic, iar Biblia spune că Isus s-a ridicat și, cu un calm uimitor a „mustrat" vânturile și marea: „Taci!", a spus El. „Fără gură!" (Marcu 4:39).

Ce cuvânt fascinant! El le-a „mustrat", ca un tată care își corectează copilul. Ai încercat vreodată să mustri vântul sau să potolești o furtună? Ai putea la fel să te duci la malul mării și să încerci să negociezi cu un uragan, și totuși Biblia spune că, atunci când Isus i-a spus acestei furtuni să se potolească, ea s-a liniștit. „Vântul a stat", scrie Marcu, „și s-a făcut o liniște mare". Toți acești ucenici văzuseră multe furtuni care se opriseră, și unele chiar repede. Dar niciodată nu s-a întâmplat ceva de acest fel; până și vântul a încetat dintr-o dată, dar apa încă avea să rămână agitată pentru o vreme, până avea să se liniștească. Dar de data aceasta, vântul și valurile pur și simplu *s-au oprit* și au făcut loc unui calm supranatural. Ucenicii au rămas uluiți, cu apa curgând șiroaie de pe ei și privind în jur cu uimire – unii către alții și către Isus. Biblia nu spune cine a pus în final întrebarea, dar sunt convins că ceilalți au dat din cap, sau cel puțin și-au clătinat capetele într-o uimire comună, în tăcere: „Cine este acesta de Îl ascultă chiar și vântul și marea?" (Marcu 4:41).

MAI MULT DECÂT UN SIMPLU ÎMPĂRAT

Mă întreb dacă Petru se gândea la acea zi când a răspuns la întrebarea lui Isus spunând: „Tu ești Hristosul, Fiul Dumnezeului celui viu" (Matei 16:16). Unii cred că Petru nu spunea nimic mai profund decât că Îl recunoștea pe Isus ca Împăratul de drept al Israelului. Aceasta a fost o afirmație politică, zic ei, nimic mai mult. Eu nu cred că este corectă această gândire, și iată de ce: ultima dată când ucenicii Îl numiseră pe Isus „Fiul lui Dumnezeu" avusese loc precis pentru că El făcuse altceva care Îl catapultase dincolo de simpla calitate regală. Și nu doar asta, ci era ceva care trebuie să fi fost cu totul memorabil pentru Petru însuși.

Circumstanțele erau, de fapt, foarte asemănătoare momentului când Isus a liniștit furtuna. Ucenicii erau într-o barcă, în calea lor către celălalt mal al lacului când, la fel ca anterior, vântul a început să bată și valurile au început să lovească în corabia lor. Întreaga situație pare cu totul familiară, cu excepția unei singure diferențe uriașe: de data aceasta, Isus nu era alături de ei. În această zi, Isus tocmai hrănise cinci mii de oameni cu doi pești și cinci pâini și, după aceea, îi trimisese pe ucenicii Lui înaintea Sa pe celălalt mal al Mării Galileei. Poate că ei și-au imaginat că El urma să se urce în altă barcă sau să o ia de-a lungul malului lacului, pe țărm, dar ei au vâslit spre celălalt țărm în timp ce Isus a rămas în urmă, încheindu-Și slujirea mulțimii, apoi s-a retras pe vârful unui munte din apropiere, unde s-a rugat.

Între timp, aflați pe corabie, ucenicii aveau o noapte grea. Barca era în pericol, vânturile și valurile se ridicau din nou, iar lor le era frică. Biblia spune că era pe la a patra veghe din noapte – cândva între 3 și 6 dimineața – când au privit în afară și au văzut pe cineva *venind către ei mergând pe apă!* În mod firesc, frica lor s-a transformat în spaimă, astfel că au strigat: „Este o nălucă!"

Ce s-a petrecut ulterior este unul dintre cele mai speciale momente din viața lui Isus, și probabil că și unul dintre cele mai încărcate în importanță. Auzind strigătele ucenicilor, Isus le-a vorbit: „Îndrăzniți, Eu sunt; nu vă temeți!" Oprește-te pentru o clipă și privește din nou acea frază, pentru că, în acele câteva cuvinte, Petru pare că a auzit ceva care i-a câștigat încrederea. Aplecându-se înainte, el a strigat: „Doamne, dacă ești Tu, poruncește-mi să vin la Tine pe ape". Ce lucru uimitor să spună asta! Ar trebui să te întrebi dacă ceilalți ucenici l-au privit pe Petru ca pe unul ieșit din minți! Dar el nu înnebunise. Exista ceva în ceea ce Isus tocmai spusese care l-a făcut pe Petru „să îi pice fisa", iar acum el voia să testeze acel lucru. Evident, Isus știa ce gândea Petru, pentru că i-a făcut invitația: „Vino".

Apoi, un pas după altul, Petru a coborât din barcă, a stat în picioare pe apă și a mers înainte. Biblia nu ne spune cât de departe a mers el, dar înainte ca să ajungă la Isus, Petru a observat că vântul îi sufla în față și simțea cum apa îi lovea picioarele. Luându-și ochii de la Isus, el s-a înfricoșat și a început să se scufunde. Apoi el a strigat la Isus să-l salveze, și „îndată", spune Biblia, Isus Și-a întins mâna, l-a prins și l-a dus înapoi în barcă. De data aceasta, Isus nu a fost nevoit să dea o poruncă verbală, când El și Petru au ajuns înapoi în barcă, dar furtuna pur și simplu s-a oprit.

Acesta este momentul când, așa cum ne spune Matei, „cei ce erau în corabie, au venit de s-au închinat înaintea lui Isus, și I-au zis: ,Cu adevărat, Tu ești Fiul lui Dumnezeu!'" (Matei 14:26-33).

Dar ce voiau ei să spună când L-au numit „Fiul lui Dumnezeu?" Voiau să spună că El era Împăratul de drept al Israelului? Îi atribuiau ei simplul titlu regal pe care zeci de regi de dinaintea Lui îl folosiseră pentru ei înșiși? În niciun caz! Ucenicii tocmai Îl văzuseră umblând pe apă, chemându-l pe unul dintre ei să facă același lucru și liniștind o furtună fără să spună un cuvânt. Apoi gândește-te la ceea ce l-a determinat pe Petru să coboare din barcă. Ce a auzit El în cuvintele lui Isus: „Îndrăzniți! Eu sunt", care să-l determine să nu spună, „Uf, bun, putem să ne oprim din panică; este Isus", ci în fapt să calce pe apă? De ce, dintr-o dată, a avut el o astfel de credință că Isus se afla *cu totul* în controlul întregii situații?

Răspunsul este că propoziția „Eu sunt", chiar dacă am folosi regulile bune de gramatică din limba noastră, nu redă exact ceea ce Isus a spus. Ceea ce El a spus, literal vorbind, era „Îndrăzniți! EU SUNT!" Iată ce a auzit Petru și care i-a dat o profundă încredere în Isus. El nu L-a auzit pe Domnul lui spunând, „Ioohooo! Eu sunt, Isus!", ci mai degrabă Și-a atribuit un nume vechi și faimos al Dumnezeului Atotputernic al Israelului.

Și iată cum totul ne conduce înapoi până în vremea eliberării Israelului din Egipt. Una dintre cele mai amuzante momente din acea circumstanță este discuția pe care Moise o poartă cu Dumnezeu despre cât de neechipat este el să împlinească slujba la care Dumnezeu l-a chemat. El încearcă mai multe scuze – nu sunt suficient de important, nu mă vor crede, nu sunt un bun vorbitor în public – și, de fiecare dată, Dumnezeu îi răspunde și elimină scuza. Totuși, una dintre întrebările pe care Moise le pune este ce să le spună evreilor când Îl vor întreba care este Numele lui Dumnezeu. Răspunsul lui Dumnezeu este profund revelator în sine: „Dumnezeu i-a zis lui Moise: ,Eu sunt Cel ce sunt'. Și a adăugat: ,Le vei răspunde copiilor lui Israel astfel: Cel ce Se numește ,Eu sunt', m-a trimis la voi'" (Exod 3:14). Astfel, Dumnezeu S-a revelat ca fiind Dumnezeul transcendent și nelimitat al universului, Izvorul a tot ceea ce există, Autorul vieții, Creatorul și Stăpânul cosmosului, Acela care a fost dintotdeauna, care este și va fi mereu – marele „EU SUNT".

Iată ce i-a câștigat încrederea lui Petru. Isus Își atribuia Numele lui Dumnezeu, și făcea acest lucru *în timp ce mergea pe fața mării*. Marea a fost cea mai puternică și mai înfricoșătoare forță a creației, simbolul antic al haosului și răului, casa mitică a zeilor rivali. Aici, Isus o supune, o cucerește, o stăpânește, punând-o literalmente sub picioarele Lui. „Dar mai puternic decât vuietul apelor mari", spunea o cântare veche, „și mai puternic decât vuietul valurilor năprasnice ale mării, este Domnul în locurile cerești!" (Ps. 93:4).

Ai înțeles? Când ucenicii L-a numit pe Isus „Fiul lui Dumnezeu", ei au proclamat că El era mult deasupra unui simplu rege. Ei spuneau că El este Dumnezeu. El este Creatorul. El este marele „EU SUNT".

OMUL CARE PRETINDEA CĂ ESTE DUMNEZEU

Oamenii afirmă uneori ideea că dumnezeirea lui Isus ar fi fost doar un produs al imaginației ucenicilor, că Isus n-ar fi pretins niciodată acest statut pentru Sine și că, după moartea Lui, ucenicii au inventat această poveste – sau, în cel mai fericit caz, au interpretat greșit tot ce se întâmplase. Dar nu trebuie nici măcar să citești Biblia foarte atent ca să poți vedea că Isus a pretins repetat că era Dumnezeu, iar uneori nici măcar n-a încercat să fie subtil în această pretenție.

De exemplu, a existat un moment când El a spus: „Eu și Tatăl una suntem". A existat un alt moment când

Filip – devenind un pic nerăbdător și ratând complet ideea – I-a spus: „Doamne, arată-ne pe Tatăl", la care Isus a replicat: „De atâta vreme sunt cu voi, și nu M-ai cunoscut, Filipe? Cine M-a văzut pe Mine, L-a văzut pe Tatăl. Cum zici tu dar: ,Arată-ne pe Tatăl?'" Mai există și răspunsul dat de Isus liderilor evrei de la finele judecății Sale, când le-a spus: „de acum încolo Îl veți vedea pe Fiul omului șezând la dreapta puterii lui Dumnezeu, și venind pe norii cerului". Marele preot a înțeles imediat ce pretinsese Isus, motiv pentru care și-a rupt robele și L-a acuzat pe Isus de blasfemie. Isus pretindea că era Dumnezeu (Ioan 10:30; 14:8-9; Matei 26:64).

A mai existat și momentul când Isus a emis pretenția aceasta până acolo încât liderii au luat pietre ca să-L ucidă. Biblia spune că situația a fost atât de periculoasă, încât Isus a trebuit să facă nevăzut ca să poată pleca dinaintea lor. Totul a început când fariseii au venit și au început să spună tot felul de lucruri despre El. „Nu zicem noi bine că ești Samaritean și că ai drac?", spuneau ei. Aceasta era o insultă josnică, ca atunci când ar fi acuzat pe cineva nu doar că avea un demon, ci și că era din Washington, DC. (glumesc!). În orice caz, Isus a răspuns cam în felul acesta: „Nu am demon, ci Îl cinstesc pe Tatăl, iar voi Mă necinstiți... Vă spun că, dacă păzește cineva Cuvântul Meu, nu va vedea niciodată moartea". Liderii, scandalizați acum, L-au acuzat pe Isus de aroganță masivă: „Acum vedem bine că ai drac; Avraam a murit, prorocii de asemenea au murit, și tu zici:

CAPITOLUL 4

‚Dacă păzește cineva cuvântul Meu, în veac nu va gusta moartea'. Doar n-ai fi Tu mai mare decât părintele nostru Avraam, care a murit? Și decât prorocii, care de asemenea au murit? Cine te crezi Tu că ești?" (Ioan 8:48-53).

Isus a răspuns: „Tatăl vostru Avraam a săltat de bucurie că are să vadă ziua Mea: a văzut-o și s-a bucurat". Cu alte cuvinte, Avraam știa că Dumnezeu promisese că va trimite un Mântuitor, și privea înainte cu bucurie către acel moment. Liderii erau deja încinși și confuzi până acum. Pretenția lui Isus că Avraam știa despre El, și chiar că Isus știa ceva despre viața emoțională a lui Avraam, era prea mult pentru ei: „N-ai nici cincizeci ce ani și l-ai văzut pe Avraam"?

Replica lui Isus la această întrebare i-a zguduit. El a spus: „Adevărat, adevărat, vă spun că, mai înainte ca să se nască Avraam, sunt Eu" (Ioan 8:56-58).

Aici vedem din nou acel Nume, iar Isus îl folosește deliberat și confruntativ. Cum știm asta? Știm pentru că, altfel, ceea ce El a spus ar trebui să fie o expresie profund greșită gramatical. Chiar dacă Isus ar fi vrut doar să spună că El ar fi existat cumva înainte de Avraam, El ar fi trebuit să spună: „Înainte ca să se nască Avraam, *eram Eu*". Dar folosind timpul prezent – „EU SUNT" – Isus Și-a asumat din nou și clar Numele unic și exclusiv al lui Dumnezeu. Iată de ce ei au luat pietre ca să-L ucidă. Dacă El nu era Dumnezeu în realitate – iar dacă acești oameni nu credeau că este – atunci El trebuie să fi comis cel mai rău fel de blasfemie.

FAȚĂ ÎN FAȚĂ CU TRINITATEA

Dar evident că aceea nu era blasfemie. Ea o afirmație adevărată, iar Isus dovedise în mod repetat pretenția Sa de a fi Dumnezeu. Odată ce înțelegi aceasta, poți începe să vezi noi înțelesuri în insistența lui Isus pe ideea că El era Fiul lui Dumnezeu. Acesta nu era doar un titlu regal; era și o pretenție că Isus era egal cu Dumnezeu în statut, caracter și onoare. Ioan explică: „Tocmai de aceea căutau și mai mult Iudeii să-L omoare, nu numai fiindcă... zicea că Dumnezeu este Tatăl Său, și Se făcea astfel deopotrivă cu Dumnezeu" (Ioan 5:18).

Dar în acea frază vedem mai mult de atât, pentru că, prin ea, Isus nu Își asuma doar un titlu regal și nu spunea doar că este egal cu Dumnezeu, ci și descria o *relație* unică și exclusivă dintre El și Dumnezeu Tatăl. „Nimeni nu-L cunoaște deplin pe Fiul, afară de Tatăl", a spus El cândva; „tot astfel nimeni nu-L cunoaște deplin pe Tatăl, afară de Fiul, și acela căruia vrea Fiul să i-L descopere" (Matei 11:27). Într-o altă circumstanță, El a explicat următoarele:

> Tot ce face Tatăl, face și Fiul întocmai. Căci Tatăl Îl iubește pe Fiul, și-I arată tot ce face; și-I va arăta lucrări mai mari decât acestea, ca voi să vă minunați. În adevăr, după cum Tatăl înviază morții, și le dă viață, tot așa și Fiul îi dă viață cui vrea. Tatăl nici nu judecă pe nimeni, ci toată judecata a dat-o Fiului, pentru ca toți să Îl cinstească pe Fiul cum Îl cinstesc pe Tatăl. Cine nu Îl cinstește pe Fiul, nu Îl cinstește pe Tatăl, care L-a trimis (Ioan 5:19-23).

Înțelegi? Isus, Fiul lui Dumnezeu, pretindea că este Dumnezeu însuși, și totuși că Se afla într-o relație unică, exclusivă și cu totul armonioasă cu Dumnezeu Tatăl.

Cum este posibil așa ceva?

Cum poate *fi* Isus Dumnezeu și totuși să fie *în același timp* într-o relație cu Dumnezeu Tatăl? Aici ajungem față în față cu doctrina creștină a Trinității – un termen lingvistic ce reunește cuvântul *Tri-Unitate*. Poate că ai auzit cuvântul *Trinitate* [sau expresia Sfânta Treime, n.tr.]. Poate că ai auzit chiar creștini vorbind despre felul cum Dumnezeu Tatăl, Dumnezeu Fiul și Dumnezeu Duhul Sfânt sunt Persoane distincte – trei Persoane diferite – și totuși un singur Dumnezeu. Nu trei dumnezei! Biblia este clară de la prima pagină susținând că există un singur Dumnezeu, și totuși că acel singur Dumnezeu există în trei Persoane distincte.

Ceea ce sper că poți vedea aici este că nu noi, creștinii, am inventat ideea de Trinitate. Noi am definit-o, am descris-o, am propovăduit-o și am apărat-o *pentru că am văzut-o în Biblie*. Creștinii au auzit despre această învățătură în felul în care Isus a vorbit despre Sine, despre relația Sa cu Tatăl și despre Duhul Sfânt. Iată, foarte pe scurt, esența a ceea ce au auzit creștinii când Isus a vorbit despre acestea:

1. Ei L-au auzit pe Isus afirmând că există un *singur* Dumnezeu (ex. Marcu 12:29).

2. Ei L-au auzit pe Isus spunând că El însuși este Dumnezeu, că Tatăl Lui este Dumnezeu și (mai apoi) că Duhul Sfânt este Dumnezeu (ex. Ioan 5:18; 8:58; Luca 12:10).

3. În final, ei L-au auzit pe Isus arătând clar că El, Tatăl Său și Duhul *nu* sunt aceeași Persoană, ci deosebiți Unul de Altul și într-o relație unică și exclusivă Unul cu Altul.[1]

Se poate să te uiți la acele trei afirmații și să spui: „Nu înțeleg cum este posibil ca toate să fie adevărate în același timp și în același fel". Ei bine, ca să fiu cu totul onest, nici eu nu pot înțelege! Și nici vreun alt creștin. Dar ideea nu este să înțeleg sau nu. Fiind creștin, eu cred în Isus, iar Isus a propovăduit acele trei lucruri, așa că eu le cred – pe toate, în același timp, chiar dacă nu le pot împăca întru totul în mintea mea.

Esența este că nu există nicio contradicție în logica acestor trei afirmații și, dincolo de asta, sunt perfect conștient de faptul că mintea mea nu este infinită. Există o mulțime de lucruri din această lume pe care nu le înțeleg complet, așa că nu îmi este greu să îmi imaginez că trebuie să existe un număr infinit de lucruri care pot încăpea în mintea infinită a lui Dumnezeu, care pur și simplu nu pot fi înțelese de mintea mea. Ceea ce știu sigur este că Isus a propovăduit că există un singur Dumnezeu, că El, Tatăl Său și Duhul Sfânt sunt toți Dumnezeu, și că El, Tatăl și

---

[1] Observați de exemplu relația din Ioan 14:16-17.

Duhul nu sunt aceeași Persoană, dar sunt toți în relație Unul cu Altul. Alături de creștinii din toate secolele, pot să numesc această realitate complexă Tri-Unitate sau *Trinitate*.

SINGURA CALE

Iată esența: odată ce începi să înțelegi că Isus este, în fapt, Dumnezeu, și că El se află într-o relație unică și exclusivă cu Dumnezeu Tatăl, vei începe și să înțelegi că, dacă vrei să Îl cunoști pe Dumnezeul care te-a creat, trebuie să Îl cunoști pe Isus. Pur și simplu nu există altă cale.

Iată de ce avem o veste atât de bună că Isus nu este doar marele „EU SUNT", ci este și pe deplin și pe veci *unul dintre noi*.

5

UNUL DINTRE NOI

Aproape de începutul istoriei creștinismului, un anumit grup de oameni a respins ideea că Isus era cu adevărat om. Dovada divinității lui Isus era atât de categorică, spuneau ei, încât El nu putea să fie om în același timp. Poate că era doar Dumnezeu cu piele, poate era ceva între Dumnezeu și om, dar oamenii aceștia nu credeau că El putea fi cu adevărat *unul dintre noi*. Cei care au negat umanitatea lui Isus au ajuns să fie cunoscuți sub numele de *docetiști*. Numele provine din termenul grec *doke*, cu sensul de „a părea", astfel că era un cuvânt potrivit pentru gândirea lor: Isus nu era cu adevărat om, spuneau ei, ci doar *părea* să fie.

Creștinii au afirmat rapid că docetismul era greșit. Ei își citeau Biblia și înțeleseseră că Isus nu doar părea să fie om, ca și cum ar fi fost o iluzie sau nălucă, sau ca și cum Dumnezeu Își însușise doar *înfățișarea* omului, dar nu și realitatea lui. Dacă vrem să credem Biblia, trebuie să spunem că Isus a fost om – în orice fel. Acești creștini nu negau în niciun fel divinitatea Lui. Erau convinși că Isus era Fiul lui Dumnezeu, Creatorul lumii, marele „EU SUNT".

Dar ei erau la fel de convinși că marele „EU SUNT" devenise, pe cât de incredibil ar fi fost, unul dintre noi.

NU DOAR UN VIZITATOR

Narațiunile despre viața lui Isus sunt pline până la refuz de dovezi că Isus era un om ca noi. Biblia ne spune că El a înfometat, a însetat, a obosit și chiar a dormit (amintește-ți că a dormit în barcă). El nu era ceea ce grecii și romanii credeau despre un „zeu", o figură din Olimp care lua uneori formă umană, dar nu trebuia niciodată să fie cu adevărat om, cu toate provocările și chiar slăbiciunile acestui lucru. Nu, ci Isus era cu adevărat uman și a trebuit să trăiască în mijlocul tuturor acelor lucruri ca tine și ca mine.

Asta înseamnă că, atunci când n-a mâncat suficient, I-a fost foame. Când nu a dormit suficient, a fost obosit. Când soldații au împins spinii în pielea capului Lui și au bătut cuiele în mâinile Lui, El a simțit durere. Când prietenul Lui a murit, El a plâns și a lăcrimat – chiar dacă avea în intenție ca, în doar câteva minute, să îl aducă înapoi la viață! El chiar a devenit slab. Biblia ne spune că, după ce romanii L-au bătut pe Isus cu biciul, au fost nevoiți să forțeze pe cineva să poarte crucea lui Isus până la locul execuției. Apoi există cea mai profundă dovadă dintre toate: Isus a murit. El nu doar a *părut* că moare, nici n-a murit *pe jumătate* sau un *fel* de moarte, sau să moară doar *într-un sens anume*. Este adevărat că narațiunea biblică nu se sfârșește cu moartea lui Isus, dar nu putem ocoli acest fapt: El a murit (Matei 4:2; 8:24; 27:50; Ioan 19:2; 11:35; 19:33).

Este crucial să înțelegem că Isus a fost cu adevărat om, pentru că asta înseamnă că El nu a fost doar un vizitator în lumea noastră. Sigur, în felul lui, acel lucru ar fi drăguț, dacă doar ne gândim că o astfel de Ființă măreață ar putea să ne viziteze. Dar nu asta s-a petrecut atunci. Ceea ce a avut loc cu adevărat este indescriptibil de uimitor. Dumnezeu Creatorul, marele „EU SUNT", Cel atât de diferit de noi, a devenit om.

Creștinii pot denumi această realitate *întrupare*, care este un termen latin ce are sensul că, în Isus, Dumnezeu a îmbrăcat trup omenesc. Trebuie să fim totuși atenți, pentru că acel cuvânt poate fi oarecum amăgitor. Dacă este înțeles greșit, ar putea să-ți sugereze că umanitatea lui Isus a fost doar un fel de piele – anume că Dumnezeu Și-a pus o blană omenească așa cum noi am putea să ne punem o haină peste trupurile noastre, crezând că asta a însemnat umanitatea lui Isus. Dar acest lucru ne-ar duce prea aproape de *docetism*, ideea că Isus doar *părea* să fie om. Indiferent ce gândești, cred că putem să cădem de acord că esența umanității nu ține doar de trupurile noastre, ci este mai profund de atât, iar Biblia spune că Isus a fost uman în toate lucrurile, până la esență, în orice fel. Iată de ce, de-a lungul secolelor, creștinii au fost hotărâți în descrierea lui Isus ca fiind „pe deplin Dumnezeu și pe deplin uman". El nu este o parte Dumnezeu și o parte om, sau un amestec de Dumnezeu și om, nici măcar undeva la jumătate între Dumnezeu și om.

El este Dumnezeu. Și El este om.

Iată care este ideea: această întrupare nu este doar o realitate *temporară*, trecătoare. Este Isus este uman acum și nu va fi niciodată *diferit* de a fi uman – în veci. Cu mai mulți ani în urmă, luam micul dejun cu un prieten, și acel adevăr s-a trezit în mintea mea în decursul unei conversații aprinse despre (ține-te bine) forme de viață extraterestră.

Eu și prietenul meu discutam pentru o vreme ideea că alte forme inteligente de viață ar putea exista în univers, și discutam dacă Biblia avea ceva de spus despre acest subiect și ce ar însemna dacă ea ar fi zis ceva etc., când a apărut această întrebare: dacă extratereștrii există, și dacă ei sunt păcătoși ca noi, ar putea Dumnezeu să îi mântuiască, și dacă da, cum ar face El acest lucru?

Răspunsul meu imediat a fost acesta: „Evident că El ar putea! Isus S-ar putea întrupa ca un marțian, ar putea muri pentru păcatele lor și așa ar rezolva problema! Apoi El ar putea lua și o decizie în privința klingonienilor"[1].

Răspunsul părea logic la acea vreme, dar îți poți da seama de ce era greșit? Prietenul meu a dat din cap și-a spus: „Nu, Greg. Isus este uman, întotdeauna și în veci. El nu poate fi niciodată altfel decât uman". Nu mă gândisem vreodată în felul acesta la subiectul respectiv.

---

[1] klingonieni – autorul face referire la un grup de ființe extraterestre din serialul SF Star Trek – n.tr.

CU ALTE CUVINTE, EL A IUBIT

Aceea a fost o conversație mai atipică, evident, dar conștientizarea care a rezultat în urma ei a fost uimitoare pentru mine: Isus este uman și El *va fi întotdeauna așa*. În clipa de față, pe tronul universului stă o Ființă umană. Când El va judeca întreaga lume, va fi uman. Pentru toată veșnicia, veac după veac, Dumnezeu este uman și va fi întotdeauna așa. El nu doar a îmbrăcat o haină umană, ca să o dezbrace când S-a întors în Cer. El a devenit om – cu inimă, suflet, minte și putere – un om!

Imaginează-ți doar pentru un minut cât de mult trebuie să fi iubit Fiul lui Dumnezeu ființele omenești ca să decidă să devină om pe veci. El existase din toată veșnicia, fiind a doua Persoană a Trinității, într-o relație perfectă, armonioasă și frumoasă cu Dumnezeu Tatăl și cu Dumnezeu Duhul Sfânt, și totuși a decis să devină om, știind de atunci că nu va mai fi niciodată altfel. Există un singur lucru care putea să-L determine pe Fiul lui Dumnezeu să facă asta: El ne iubește profund și poți vedea acest lucru în fiecare detaliu din viața Lui.

Scriitorii biblici ne spun în mod repetat că Isus a fost mișcat de compasiune față de cei din jurul Lui. Motivul pentru care a stat atât de mult vindecând oameni, ne spune Matei, este că avea compasiune pentru ei. Motivul pentru care El i-a învățat pe oameni, ne spune Marcu, este că a avut compasiune pentru ei. El s-a uitat la o mulțime de 4000 de oameni care nu mâncaseră bine de câteva zile, și le-a spus ucenicilor Lui: „Mi-este milă de gloata aceasta; căci iată că de trei zile așteaptă lângă Mine, și n-au ce mânca. Nu vreau să le dau drumul flămânzi, ca nu cumva să leșine de foame pe drum". Când a ajuns pe mal și a fost întâmpinat de o mulțime de oameni dornici să fie învățați de El, „I s-a făcut milă de ei, pentru că erau ca niște oi care n-aveau păstor; și a început să-i învețe multe lucruri" (Matei 15:32; Marcu 6:34; v. Matei 6:34; 14:1).

Într-o situație, El a ajuns la momentul îngropării unui tânăr – singurul fiu al unei văduve care nu avea nicio posibilitate de a se susține. Iată ce s-a petrecut acolo: „Domnul, când a văzut-o, I s-a făcut milă de ea, și i-a zis: ,Nu plânge!' Apoi S-a apropiat și S-a atins de raclă. Cei ce o duceau, s-au oprit. El a zis: ,Tinerelule, scoală-te, îți spun!' Mortul a șezut în capul oaselor și a început să vorbească. Isus l-a dat înapoi maicii lui" (Luca 7:13-15).

Când a sosit la casa prietenului Său Lazăr și a văzut-o pe sora celui decedat plângând, „S-a înfiorat în duhul Lui și S-a tulburat". „Unde l-ați pus?", a întrebat Isus, și L-au dus la mormânt. Biblia spune că acolo, înaintea mormântului prietenului Lui, „Isus plângea". Nimeni nu avea vreo iluzie că această expresie a emoției era altceva decât rezultatul durerii și al dragostei. Evreii prezenți acolo și au scuturat capetele și au spus: „Iată cât îl iubea de mult!" (Ioan 11:33-36).

Înțelegi ce fel de persoană era Isus? El nu era acel fel de om aspru și calculat, care emite pretenția de a fi rege și de a fi bun. Nu, Isus era omul a cărui inimă bătea plină de o dragoste profundă față de cei din jurul Lui. El s-a bucurat să petreacă timp cu cei respinși de societate, mâncând cu ei și chiar participând la petrecerile lor pentru că, spunea El, „nu cei sănătoși au nevoie de doctor, ci cei bolnavi. N-am venit să îi chem la pocăință pe cei neprihăniți, ci pe cei păcătoși" (Luca 5:31-32). El a luat copilași în brațele Lui, i-a îmbrățișat și i-a binecuvântat, chiar mustrându-i pe ucenicii Lui când aceștia au încercat să îi țină la distanță pe motiv că Isus ar fi fost prea ocupat. El i-a îmbrățișat pe ucenicii Lui, le-a spus glume, a pronunțat cu blândețe numele oamenilor, i-a încurajat, i-a iertat, i-a împrospătat, i-a reasigurat de dragostea Lui și i-a restaurat. Cu alte cuvinte, El *i-a iubit*.

Înțelegi? Chiar și atunci când El a făcut lucruri extraordinare – lucruri pe care doar Dumnezeu le putea face – El a realizat toate acestea cu o blândețe umană profundă, cu compasiune și dragoste. El nu era *doar* uman, ci ne-a arătat cum a vrut Dumnezeu să fie omul dintotdeauna.

DE CE S-A FĂCUT OM DUMNEZEU FIUL? PENTRU CĂ AVEAM NEVOIE DE EL

Cu toate acestea, este important să conștientizăm că Isus nu a venit *doar* ca să ne arate umanitatea autentică, cea pe care Dumnezeu o avea în intenție de la început. Nu, ci Isus S-a făcut om pentru că *noi aveam nevoie* ca El să facă asta. Aveam nevoie de cineva care să ne reprezinte înaintea lui Dumnezeu, să fie Substitutul nostru.

Acesta este motivul esențial pentru care Isus a venit – să fie Împăratul războinic iubitor, care să Își salveze poporul iubit.

De aceea, parte din ceea ce Isus a făcut când a devenit uman a fost să Se *identifice* cu noi, devenind una cu noi așa încât să ne poată reprezenta. Iată de ce El a insistat în prima zi a lucrării Sale publice ca Ioan să Îl boteze. La început, Ioan Botezătorul a obiectat, pentru că știa că botezul lui era pentru pocăință – pentru cei care știau că erau păcătoși și alegeau să întoarcă spatele păcatelor lor – dar el știa că Isus, ca Fiul fără păcat al lui Dumnezeu, nu avea nevoie de botez. Isus nu l-a mustrat pe Ioan pentru împotrivirea lui, pentru că știa la fel de bine ca Ioan că El nu avea nevoie să se pocăiască de nimic. Dar nu acesta este motivul pentru care El a dorit să fie botezat, așa că i-a spus lui Ioan: „Lasă-Mă acum, căci așa se cade să împlinim tot ce trebuie împlinit" (Matei 3:15). Cu alte cuvinte, Isus spunea: „Ai dreptate, Ioan. Nu am nevoie de botezul pocăinței, dar am un scop diferit pentru botezul Meu, iar momentul acesta este bun și corect ca să îl facem". Vezi tu, Isus nu era botezat pentru că avea nevoie să se pocăiască de vreun păcat, ci pentru a arăta clar că El Se identifica deplin și complet cu ființele omenești păcătoase. El ne-a venit în întâmpinare, luându-Și locul printre noi și deschizându-Și brațele față de o omenire zdrobită și păcătoasă.

Îți amintești ce spuneam mai devreme că a urmat? Un glas din Cer s-a făcut auzit, identificându-L pe Isus ca

Fiul *veșnic* al lui Dumnezeu și instalându-L astfel ca Fiul *regal* al lui Dumnezeu, Împăratul Israelului. Dar există mai multe lucruri ce trebuie observate în acele cuvinte care au venit din Cer, însă acum este suficient să observăm că *acesta* a fost motivul pentru care Isus a considerat drept să fie botezat laolaltă cu o mulțime de oameni păcătoși: El Își asuma calitatea de Substitut, Împărat și chiar Căpetenie a lor.

BĂTĂLIA ÎNCEPE

Marcu scrie că „îndată Duhul L-a mânat pe Isus în pustie, unde a stat patruzeci de zile, fiind ispitit de Satana" (Marcu 1:12-13). Acesta a fost un pas următor potrivit. După ce Și-a asumat rolul împărătesc, după ce S-a identificat irevocabil cu păcătoșii, Împăratul Isus se ridică să ducă lupta lor veche, Își asumă cauza lor pierdută, și câștigă pentru ei. De aceea, El merge în pustie să îl confrunte pe vrăjmașul de moarte al poporului Său, iar bătălia care se va duce pentru tot restul istoriei – între Satana, marele acuzator și Isus, marele Împărat – începe.

Chiar și detaliile aparent neimportante ale acestui episod din viața lui Isus ne îndreaptă către conștientizarea faptului că Împăratul Isus lupta din nou aceeași bătălie pe care poporul Său, națiunea Israel, o pierduse odinioară. Gândește-te că ispitirea a avut loc în pustie. Pustia era locul unde Israelul a rătăcit vreme de o generație și a eșuat atât de dezastruos. Apoi adu-ți aminte de cele 40 de zile de post ale lui Isus. Israelul a rătăcit în pustie vreme de 40 de ani, așa că, simbolic, Isus îndură aceeași perioadă – câte o zi pentru fiecare an. Ce s-a petrecut aici nu poate trece neobservat sau înțeles greșit. Odată ce Și-a asumat coroana, Isus Și-a asumat și lupta în numele poporului Său.

Matei ne spune mai multe lucruri decât oricine altcineva despre ispitirea lui Isus de către Satana. Aceasta a constituit unul dintre cele mai dramatice momente din viața lui Isus. Atunci când Satana vine la Isus cu trei ispite, intensitatea situației pare să străpungă Cerul. Până și geografia ispitelor vorbește despre acest lucru: prima are loc în țărâna deșertului, a doua pe vârful templului, și a treia pe vârful unui munte foarte înalt. Este ca și cum altitudinea încleștării creștea odată cu intensitatea ei.

Prima ispită a Satanei nu pare atât de mult ca un test. El a spus: „Dacă ești Fiul lui Dumnezeu, poruncește ca pietrele acestea să se facă pâini". Ține minte că Isus postise vreme de peste o lună – probabil hrănindu-Se doar atât cât să supraviețuiască – așa că trebuie să fi fost foarte înfometat. Mai mult, Isus avea în curând să facă minuni care erau mult mai incredibile decât să transforme câteva pietre în pâine, așa că acest act ar fi fost ceva ușor pentru El. Dacă da, atunci ce ar fi fost greșit în asta? Răspunsul survine în felul în care Isus i-a răspuns Satanei: „Este scris: ,Omul nu trăiește numai cu pâine, ci cu orice cuvânt care iese din gura lui Dumnezeu". Ideea nu era dacă Isus ar fi făcut *ceva, orice lucru* sugerat de Satana. Ideea era că El – ca Israelul de dinaintea Lui – ar fi cerut confortul și satisfacerea proprie chiar *acum*, nesupunându-Se căii smereniei și a suferinței pe care Dumnezeu Tatăl a pus-o înaintea Lui. Acolo unde oamenii păcătuiseră în repetate rânduri cerând satisfacerea instantanee a nevoilor lor, Împăratul Isus S-a încrezut în Dumnezeu pentru susținerea și grija de care avea nevoie.

După ce Isus a învins prima ispită, Satana L-a dus la Ierusalim și L-a așezat în cel mai înalt loc din templu. Înălțimea trebuie să fi fost amețitoare. „Dacă ești Fiul lui Dumnezeu", a spus el, „aruncă-Te jos; căci este scris: ,El le va porunci îngerilor Săi să vegheze asupra Ta; și ei Te vor lua pe mâini, ca nu cumva să Te lovești cu piciorul de vreo piatră'". Și iarăși, ceea ce Satana a spus părea atât de logic, iar acum el chiar cita din Scriptură când se adresa lui Isus! Dar la fel ca mai înainte, ispita de aici era că Isus ar fi cerut împlinirea voii Lui, nu a lui Dumnezeu – anume să ceară, așa cum făcuse adesea Israelul, ca Dumnezeu să împlinească grija Lui într-o modalitate *specifică*. Înțelegi acest lucru? Satana Îl ispitea pe Isus să Se înalțe pe Sine mai presus de Tatăl, încercând să-I forțeze mâna Tatălui în loc să Îl creadă pe Tatăl pe cuvânt. Isus a refuzat să facă aceasta și i-a răspuns Satanei: „De asemenea este scris: ,Să nu-L ispitești pe Domnul, Dumnezeul tău'". Cu alte cuvinte, nu trebuie să te îndoiești de El cerând dovada grijii Lui. Ai încredere în El, crede-L pe cuvânt, și El va îngriji de tine în felul Lui și la vremea Lui.

A treia ispită a fost în același timp și cea mai îndrăzneață. Ducându-L pe Isus pe vârful unui munte foarte înalt,

Satana I-a arătat toate împărățiile lumii și strălucirea acestora. Apoi I-a făcut această ofertă: „Toate aceste lucruri Ți le voi da Ție, dacă Te vei arunca cu fața la pământ și Te vei închina mie!" Ce ofertă sfidătoare și îndrăzneață! O ființă creată Îi cerea Creatorului ei să Se plece și să Se închine înaintea ei, oferindu-i în schimb *tot ceea ce* Tatăl Îi promisese *deja* Fiului – dar *separat* de calea suferinței pe care Tatăl lui Isus I-o pusese înainte. Israelul se confruntase în repetate rânduri cu acest test, cu ispita de a crea alianțe cu vecini puternici, de a orchestra lucruri și de a ieși din ascultarea față de Dumnezeu, totul pentru a câștiga siguranța și chiar gloria pentru sine din mâna altuia, nu din mâna lui Dumnezeu. De aceea, Israelul a căzut în ispită de fiecare dată, pe când Împăratul Isus a ieșit victorios. El a sfârșit acea luptă spunându-i ispititorului: „Pleacă, Satano, căci este scris: ,Domnului, Dumnezeului tău să te închini și numai Lui să-I slujești'" (Matei 4:3-10).

Poți înțelege ce făcea Isus aici confruntându-l pe Satana în pustie? El ducea lupta pentru neprihănire și ascultare pe care poporul Său, Israel, o pierduse complet cu mult timp în urmă. Cele trei ispite pe care Satana le aruncă înspre Isus – neîncrederea în Dumnezeu, forțarea mâinii lui Dumnezeu și eșecul de a se închina lui Dumnezeu – constituiau greșelile faimoase ale poporului Israel. Ele fuseseră strategii câștigătoare ale Satanei, așa că le-a folosit acum și împotriva Împăratului Israelului. Data aceasta, însă, Satana eșuează. Împăratul Isus le zdrobește una câte una. Căpetenia Israelului duce din nou bătălia pentru poporul Său, și o câștigă!

Luca ne spune că, „după ce L-a ispitit în toate felurile, diavolul a plecat de la El, până la o vreme" (Luca 4:13). Bătălia nu se încheiase încă, dar lupta pentru sufletul omului – luptă dusă veacuri la rând – se îndrepta acum într-o direcție bună și avea un Războinic strașnic.

6

TRIUMFUL ULTIMULUI ADAM

Conflictele au adesea rădăcini care merg adânc în istorie. Dacă vei citi titlurile ziarelor despre războaie, bătălii și conflicte care au loc oriunde sau oricând, vei descoperi că acele evenimente rareori izbucnesc de nicăieri. Originea conflictelor merge uneori cu secole înapoi în istorie, sau chiar mai mult.

Așa este cazul și conflictului dintre Isus și Satana. Când Isus l-a întâlnit și l-a învins pe marele acuzator în pustie, acesta era un moment culminant dintr-un conflict de milenii, conflict implicând întreaga omenire. De fapt, acesta avea să fie începutul sfârșitului acelui conflict. Secole la rând, Satana se împotrivise lui Dumnezeu și planurilor Lui în această lume, dar acum el a venit față în față cu Cel care avea să îl învingă – și asta decisiv. Aici nu se pune problema că Satana nu știa cine era Isus; două dintre ispite au accentuat explicit identitatea Lui de Fiul lui Dumnezeu. Totuși, chiar și cunoscând aceasta, Satana a crezut că L-ar fi putut determina pe Isus să păcătuiască. Și de ce nu? Orice ființă omenească din istorie căzuse pradă ispitelor lui. De ce nu și aceasta? Poate că Dumnezeu făcuse vreo greșeală devenind uman, luând trup omenesc, slăbiciune omenească, limitări caracteristice oamenilor. Poate că Dumnezeu a devenit în final... expus învingerii.

Cu toate acestea, până la finele acelei prime întâlniri cu Isus, Satana trebuie să își fi dat seama că aceea era o speranță deșartă. În fapt, văzând că până și cele mai bune tactici ale sale eșuaseră, te poți întreba dacă nu cumva a plecat din acel loc știind că sfârșitul i se apropia. Trebuie să te întrebi dacă nu cumva el și-a adus aminte de glasul lui Dumnezeu care îi promisese cu multe mii de ani în urmă: „Când va veni Împăratul, da, tu Îi vei zdrobi călcâiul, dar El îți va zdrobi capul" (v. Gen. 3:15).

Se poate ca acest lucru să îl fi făcut să tânjească după zilele când războiul lui cu Dumnezeu părea să se desfășoare mai bine.

EL VOIA SĂ ÎL DETRONEZE PE DUMNEZEU

Biblia nu alocă mult spațiu discuției despre Satana. Concentrarea ei este pe Dumnezeu, pe relația Lui cu ființele omenești, pe răzvrătirea și păcatul lor împotriva Lui, și pe planul Lui de a le salva și ierta. Dar Satana este acolo, în peisaj, fiind în tot acest timp ispititorul și acuzatorul omenirii, marele vrăjmaș al lui Dumnezeu și al planurilor Lui. Nouă nu ni se spune mare lucru despre originea Satanei, dar Biblia conține indicii ici și colo. Dincolo de orice, este clar că Satana nu este în niciun fel un soi de *anti-Dumnezeu*, egal în putere dar doar cu un caracter contrar lui

Dumnezeu. Cu alte cuvinte, el nu este niciodată prezentat ca fiind un fel de yang pentru un yin al lui Dumnezeu.

De fapt, profeții Vechiului Testament indică faptul că, la început, Satana fusese un înger *creat* de Dumnezeu ca să-I slujească la fel ca toți ceilalți îngeri. Iată cum îl descrie Ezechiel:

> Ajunseseși la cea mai înaltă desăvârșire, erai plin de înțelepciune, și desăvârșit în frumusețe. Stăteai în Eden, grădina lui Dumnezeu, și erai acoperit cu tot felul de pietre scumpe: cu sardonic, cu topaz, cu diamant, cu hrisolit, cu onix, cu iaspis, cu safir, cu rubin, cu smarald, și cu aur; timpanele și flautele erau în slujba ta, pregătite pentru ziua când ai fost făcut. Erai un heruvim ocrotitor, cu aripile întinse; te pusesem pe muntele cel sfânt al lui Dumnezeu, și umblai prin mijlocul pietrelor scânteietoare. Ai fost fără prihană în căile tale, din ziua, când ai fost făcut, până în ziua când s-a găsit nelegiuirea în tine (Ezec. 28:12-15).

Când citești cartea Ezechiel, devine evident că această afirmație vorbește cel mai direct despre regele unei cetăți numită Tir. Totul este prefațat de Dumnezeu care îi spune lui Ezechiel: „fă un cântec de jale asupra împăratului Tirului" (Ezec. 28:12). Profețiile Vechiului Testament sunt niște mesaje minunat de tainice, și uneori ele conțin mai multe lucruri decât ar părea, judecând după lectura lor literară. Și acesta este un astfel de caz. De la primele cuvinte ale acestui mesaj, este clar că Ezechiel nu vorbește *doar* despre regele Tirului. La urma urmei, ar vrea el să spună că acest individ – liderul unei cetăți costiere bogate, dar relativ obscure din Orientul Mijlociu antic – era *în Eden*, că era *un heruvim ocrotitor* și că se afla pe *muntele cel sfânt al lui Dumnezeu?* N-ar avea nicio logică; chiar și analizând genul liric, a înțelege totul strict literal ar însemna să cădem pradă absurdității și eșecului de a înțelege mesajul poetic al pasajului.

Este clar că altceva se petrece aici, iar efectul este aproape cinematic. Este ca și cum fața regelui rău al Tirului licărește pulsând alternativ cu o altă față – fața unuia care stă în spatele răutății Tirului, care îl conduce și îl încurajează, și al cărui caracter îl reflectă. Poți înțelege ce face Ezechiel aici? Printr-o creștere a puterii profeției sale împotriva regelui Tirului, el ne oferă un crâmpei al aceluia care, dincolo de orice, întruchipează răzvrătirea împotriva lui Dumnezeu – adică Satana. De aceea, Ezechiel continuă descriind căderea Satanei din poziția sa înaltă: „Ți s-a îngâmfat inima din pricina frumuseții tale, ți-ai stricat înțelepciunea cu strălucirea ta. De aceea, te arunc la pământ, te dau priveliște împăraților" (Ezec. 28:17). Isaia, un alt profet, descrie păcatul Satanei în felul următor: „Cum ai căzut din cer, Luceafăr strălucitor, fiu al zorilor! Cum ai fost doborât la pământ, tu, biruitorul neamurilor! Tu ziceai în inima ta: ‚Mă voi sui în cer, îmi voi ridica scaunul de domnie mai pe sus de stelele lui Dumnezeu; voi ședea pe muntele adunării dumnezeilor, la capătul miază-nopții; mă voi sui pe vârful norilor, voi fi ca Cel Preaînalt'" (Isaia 14:12-14).

Dincolo de orice, păcatul Satanei a fost mândria. Cu toată strălucirea și frumusețea lui cerească, el n-a fost mulțumit să fie ceea ce Dumnezeu îl crease. El voia mai mult. El voia să fie, așa cum spunea Isaia, „ca Cel Preaînalt". El voia să Îl detroneze pe Dumnezeu.

De aceea, ne mai poate mira că, atunci când Satana a hotărât să atace ființele omenești, el le-a ispitit să se răzvrătească împotriva lui Dumnezeu și să o ia pe căile proprii, făcând aceasta promițându-le că, dacă ar lepăda autoritatea Lui, și ele ar putea fi *ca Dumnezeu?*

O REAMINTIRE VIE CĂ DUMNEZEU ESTE ÎMPĂRAT

Povestea începe chiar de la începutul Bibliei, din cartea Geneza, și devine repede foarte clar de ce omenirea are nevoie de Isus. Prin ispitirea cu succes a primilor oameni, convingându-i să păcătuiască, Satana dă o lovitură prin care își închipuie că va ruina omenirea până acolo încât nu va putea fi salvată, lovind în același timp nu doar la inima lui Dumnezeu, ci și la însăși temelia scaunului Lui de domnie.

Cuvântul *geneză* are sensul de „început", și tocmai asta descrie această carte. În primele ei capitole, ea ne arată cum Dumnezeu a creat întreaga lume – pământul, marea, păsările, animalele, peștii – pur și simplu prin cuvântul Lui, iar asta arată clar că, atunci când El a încheiat creația, ea era bună. Biblia ne mai arată și cum Dumnezeu a încheiat lucrarea Lui creatoare prin facerea ființelor omenești. Primul om nu a fost un alt animal. El era special, creat de Dumnezeu „după chipul Lui", spune Biblia, și așezat clar mai presus de restul creației. Omenirea a avut un loc special în inima lui Dumnezeu și în planul Lui. Iată cum descrie Geneza crearea primului om de către Dumnezeu: „Domnul Dumnezeu l-a făcut pe om din țărâna pământului, i-a suflat în nări suflare de viață, și omul s-a făcut astfel un suflet viu" (Gen. 1:27; 2:7). Termenul ebraic din spatele cuvântului „om" este, de fapt, *adam*, care devine în mod firesc numele omului - Adam.

Dumnezeu a fost bun cu Adam de la bun început. El l-a așezat într-o zonă specială a pământului, numită Eden, în care Dumnezeu plantase o grădină. Era un loc frumos prin care curgea un râu și în care creșteau „tot felul de pomi, plăcuți la vedere și buni la mâncare". Ba mai mult, în centrul grădinii stăteau doi pomi speciali, Pomul Vieții și Pomul Cunoștinței Binelui și Răului. Viața lui Adam în grădină era bună, dar era incompletă. Adam avea nevoie de un tovarăș, iar Dumnezeu știa acest lucru: „Domnul Dumnezeu a zis: ,Nu este bine ca omul să fie singur; am să-i fac un ajutor potrivit pentru el'". Așadar, Dumnezeu a făcut ceea ce oricare dintre noi ar fi făcut în mod natural într-o astfel de situație: l-a pus pe Adam să le dea nume tuturor animalelor! (Gen. 2:8-10, 18).

Dacă te întrebi ce se întâmplă aici, nu ești singurul! Această întorsătură a narațiunii i-a pus pe mulți să își scarpine capul. Majoritatea oamenilor, chiar și unii vechi creștini, trec repede la o istorioară drăguță pentru copii,

CAPITOLUL 6

un fel de pauză de reclamă înainte ca povestea să fie reluată apoi cu momentul creației Evei. Dar dacă vrei să înțelegi Biblia, un principiu important de reținut este că ea nu se dezvoltă niciodată la întâmplare. Povestea cu Adam care denumește animalele are unele învățături importante. Una dintre ele este că Dumnezeu îi dă lui Adam un important subiect pe care să se concentreze. Pe când toate animalele, păsările, peștii și insectele trec pe dinaintea lui, iar Adam le pune nume precum „tigru", „rinocer" și „țânțar", el își dă seama că niciuna dintre aceste viețuitoare nu va putea să îl însoțească. Niciuna nu este ca el.

Odată ce se ajunge aici, Dumnezeu îl pune pe Adam într-un somn adânc și, luând una dintre coastele lui, creează prima femeie ca să îi fie tovarășă de viață. Imaginează-ți uimirea lui Adam când s-a trezit și a văzut-o stând lângă el! Era perfectă! În special după ce văzuse cât de nepotrivite ar fi fost pentru el balena albastră, girafa sau buburuza, Adam a exclamat: „Iată *în sfârșit* aceea care este os din oasele mele și carne din carnea mea! Ea se va numi, femeie, pentru că a fost luată din om" (Gen. 2:23). Acesta este, parțial, motivul pentru care Dumnezeu l-a pus pe Adam să le dea nume tuturor animalelor. El voia ca Adam să știe, fără să fie nevoie să ghicească ulterior, că femeia lângă el fusese creată specific pentru el și *din el*, în cea mai apropiată modalitate.

Dar s-a mai petrecut ceva odată cu numele date animalelor. Dumnezeu trebuie să fi fost desfătat să îl vadă pe

Adam făcându-și lucrarea, dar asta nu a fost totul. Acesta a fost felul în care Dumnezeu îi transmitea lui Adam că avea o slujbă de împlinit în lume. Ca o finalitate a creației – singura ființă creată după chipul lui Dumnezeu - Adam era chemat să fie administratorul lumii lui Dumnezeu. A-i da nume unui lucru era un fel de a manifesta autoritate peste el, la fel cum părinții au privilegiul de a-și numi copiii. Astfel, dându-le nume animalelor, Adam exersa în fapt autoritate asupra lor. El împlinea slujba lui de vice-regent al creației lui Dumnezeu, sub autoritatea directă a lui Dumnezeu însuși.

Și acest lucru este important când ne dăm seama că, imediat ce Adam o vede pe femeie, o numește – „ea se va numi femeie" –apoi Biblia spune că el a numit-o din nou: „Adam i-a pus nevestei sale numele Eva". Poți înțelege ce făcea Dumnezeu aici. El instituia un întreg sistem al autorității, în care Adam primește autoritate asupra Evei, iar cei doi primesc împreună, ca soț și soție, autoritate asupra creației, iar aceasta însemna să reflecte realitatea că Dumnezeu este așezat pe scaunul de domnie asupra tuturor. Aceasta este cea mai neînsemnată parte din ceea ce Dumnezeu a vrut să spună când i-a creat pe bărbat și pe femeie „după chipul Lui". O imagine sau statuie era folosită adesea de regii cuceritori pentru a le reaminti celor cuceriți cine stăpânea de acum peste ei. Așezând-o pe un loc înalt așa încât să fie vizibilă din aproape orice loc, acea statuie le spunea oamenilor: „Iată regele vostru". Așa au stat lucrurile și cu Adam și Eva în creație. Indiferent ce altceva ar fi inclus ideea de a fi creați după chipul lui Dumnezeu, ea vorbea despre faptul că oamenii trebuiau să fie în lume ca un mijloc de aducere aminte înaintea întregului univers asupra adevărului că Dumnezeu este Împăratul. Când ei își foloseau autoritatea asupra creației, ei aveau să facă acest lucru ca reprezentanți ai marelui Împărat, Dumnezeu însuși.

Toate aceste lucruri trebuie să îl fi umplut pe Satana de amărăciune.

DEVASTAREA A FOST APROAPE TOTALĂ

Atacul Satanei asupra oamenilor a fost atent gândit pentru a răsturna tot ceea ce Dumnezeu făcuse în grădină. Vezi tu, el nu era interesat doar să îl determine pe un biet om să comită un mic păcat împotriva lui Dumnezeu. El voia să distrugă orice structură de autoritate, orice simbol al împărăției și stăpânirii pe care Dumnezeu le instituise. El voia ca toată structura creației – de sus până jos – să fie distrusă și ca Dumnezeu să fie umilit.

Biblia spune că Dumnezeu le-a spus lui Adam și Eva că puteau mânca liber din orice pom din grădina Eden cu excepția Pomului Cunoștinței Binelui și Răului. Acel pom este important pentru câteva motive. În primul rând, el era un mijloc de aducere aminte a faptului că autoritatea oamenilor peste creație era derivată și limitată; ea nu era suverană. Când Dumnezeu le-a spus să nu mănânce din fructele acestui pom, El nu era capricios. El le-a adus aminte pe drept lui Adam și Eva că El era Împăratul lor, că deși fuseseră onorați ca vice-regenți ai creației, El era Creatorul și Domnul. Iată de ce pedeapsa promisă de Dumnezeu pentru neascultare era atât de severă: „în ziua în care vei mânca din el, vei muri negreșit" (Gen. 2:17). Neascultarea lui Adam și a Evrei de acea poruncă avea sensul unei încercări de a lepăda autoritatea lui Dumnezeu – în esență, o declarație de război împotriva Împăratului lor.

Pomul era important și dintr-un alt motiv. Primii cititori ai Genezei trebuie să-și fi dat seama imediat că „a cunoaște binele și răul" era slujba obișnuită a unui judecător din Israel. Avea sensul că judecătorul deosebea binele de rău, după care lua decizii în lumina acestor realități. Pomul Cunoștinței Binelui și Răului era, de aceea, un loc al judecății. Acela era locul unde Adam ar fi trebuit să își exercite autoritatea ca protector al grădinii lui Dumnezeu, asigurându-se că nimic rău nu intra în ea și, dacă acest lucru s-ar fi petrecut, asigurându-se că acel lucru rău era judecat și alungat. Acela era locul – la Pomul Judecății, simbolul stăpânirii finale a lui Dumnezeu în ochii lui Adam – unde Satana și-a lansat atacul. Luând forma unui șarpe, el a confruntat-o pe Eva cu sugestia de a încălca porunca lui Dumnezeu și de a mânca din fruct. Iată cum descrie cartea Geneza această confruntare:

> Șarpele era mai șiret decât toate fiarele câmpului pe care le făcuse Domnul Dumnezeu. El i-a zis femeii: ‚Oare a zis

Dumnezeu cu adevărat: ,Să nu mâncați din toți pomii din grădină?" Femeia i-a răspuns șarpelui: „Putem să mâncăm din rodul tuturor pomilor din grădină. Dar despre rodul pomului din mijlocul grădinii, Dumnezeu a zis: ,Să nu mâncați din el, și nici să nu vă atingeți de el, ca să nu muriți'". Atunci șarpele i-a zis femeii: „Hotărât că nu veți muri: dar Dumnezeu știe că, în ziua când veți mânca din el, vi se vor deschide ochii, și veți fi ca Dumnezeu, cunoscând binele și răul". Femeia a văzut că pomul era bun de mâncat și plăcut de privit, și că pomul era de dorit ca să-i deschidă cuiva mintea. A luat deci din rodul lui și a mâncat; i-a dat și bărbatului ei, care era lângă ea, și bărbatul a mâncat și el (Gen. 3:1-6).

Rezultatul a fost tragic și, cel puțin pentru acel moment, părea aproape o victorie totală a Satanei. Nu doar că el îi convinsese pe oamenii iubiți de Dumnezeu să nu mai asculte de El – insinuând că el însuși ar fi dorit dintotdeauna ca ei să fie „ca Dumnezeu" – ci și el a făcut ceea ce își propusese de la bun început: să răstoarne întreaga structură de autoritate a creației.

Și iată cum: te-ai întrebat vreodată de ce a venit Satana la Eva cu ispita lui, nu la Adam? Chiar dacă Adam fusese cel căruia i se dăduse autoritate și chiar dacă restul Bibliei îl învinovățește consecvent pe Adam pentru păcat, de fapt Satana a venit prima dată la Eva. De ce? Nu pentru că Satana se gândea cumva că Eva ar fi fost o țintă mai ușoară. Nu, ci pentru că scopul lui era să Îl umilească pe Dumnezeu și să răstoarne autoritatea Lui. Și a vrut să facă asta pe cât de convingător și pe profund ar fi putut. De aceea, el n-a vrut doar ca Adam să păcătuiască împotriva lui Dumnezeu; el a vrut ca Eva să îl atragă pe Adam la răzvrătire față de Dumnezeu.

Dar mai este ceva: te-ai întrebat vreodată de ce a venit Satana înaintea oamenilor sub forma unui șarpe? De ce să nu vină ca un alt om sau ca și cum ar fi fost un animal, o girafă sau un popândău? Din același motiv: Satana voia ca distrugerea autorității lui Dumnezeu să fie totală și completă. De aceea, el a venit ca un animal asupra căruia *Adam și Eva aveau autoritate*, și (simbolic vorbind) *întruchipând cel mai umil dintre animale*, șarpele. Înțelegi? Structurile de autoritate au căzut ca un joc de domino. Un animal neînsemnat a ispitit femeia, care l-a subminat pe bărbat, care a declarat război împotriva lui Dumnezeu.

Devastarea a fost aproape totală. Adam a eșuat în slujba lui în orice fel imaginabil. În loc să îl judece pe șarpe pentru răutatea lui la Pomul Cunoștinței Binelui și Răului, el s-a alăturat Satanei în răzvrătire față de Dumnezeu. În loc să protejeze grădina și să îl alunge pe șarpe din ea, el a predat grădina în mâinile lui.

În loc să creadă cuvântul lui Dumnezeu și să acționeze din credința aceea, el s-a îndoit de cuvântul lui Dumnezeu și s-a încrezut în schimb în Satana. În loc să I se supună lui Dumnezeu și să își împlinească cu credincioșie rolul de vice-regent, el a decis că vrea coroana pentru sine. La fel ca Satana înaintea lui, el a hotărât că vrea să fie „ca Dumnezeu".

O LUME DE COȘMAR

Consecințele păcatului lui Adam au fost catastrofale. Cu lumea aflată acum în răzvrătire față de Creator, Dumnezeu a pus dreptatea Lui în aplicare și i-a blestemat pe bărbat și pe femeie, ca și pe cel care i-a ispitit. În cazul bărbatului și femeii, El a decretat ca viața lor să nu mai fie un paradis. Ea avea să fie grea, apăsătoare și dureroasă. Nașterea copiilor avea să fie dureroasă, munca istovitoare, iar pământul avea să fie plin de spini până ca omul să ajungă la lucrurile lui bune. Cel mai rău lucru a fost că relația apropiată cu Dumnezeu, de care Adam și Eva se bucurau, era acum distrusă; ei au fost alungați pe veci din grădina Eden, iar calea înapoi a fost închisă și păzită de un înger cu o sabie înflăcărată în mâini. Acesta era cel mai profund înțeles al promisiunii făcută de Dumnezeu că moartea avea să urmeze neascultării. Da, Adam și Eva aveau să moară și fizic cu timpul, dar cea mai importantă moarte de care ei au suferit a fost moartea *spirituală*. Ei au fost despărțiți de Dumnezeu, Autorul vieții, iar sufletele lor au murit sub povara neascultării lor.

Este important să înțelegem că păcatul lui Adam și Eva nu i-a afectat *doar* pe ei, ci și pe toți urmașii lor. Astfel, următoarele câteva capitole din Biblie ne arată felul cum păcatul a înaintat printre ființele omenești cu trecerea generațiilor. Cain, fiul lui Adam și Eva, îl ucide pe fratele lui, Abel, mânat de mândrie și gelozie, iar de aici păcatul începe să capete tot mai multă putere și loc în inimile oamenilor.

Urmașii lui Cain fac anumite progrese culturale – construiesc un oraș și avansează artistic și tehnologic – dar istoria biblică arată clar că ființele omenești devin tot mai împietrite în păcatul lor, tot mai dedicate răzvrătirii împotriva lui Dumnezeu, tot mai alipite de imoralitate și violență. Unul dintre urmașii lui Cain chiar se laudă că a ucis un om doar ca să-l rănească, și se laudă că se va răzbuna de 77 de ori împotriva oricăruia care ar îndrăzni să îi facă vreun rău. Păcatul a creat astfel o lume de coșmar (Gen. 4:17-24).

În același timp, efectele fizice ale condamnării la moarte rostită de Dumnezeu împotriva lui Adam și Eva – anume că trupurile lor aveau să se întoarcă în pământ – încep să fie puse în aplicare nu doar împotriva lor, ci... *împotriva întregii omeniri*. Există un capitol uluitor în Geneza care ne oferă o listă a urmașilor lui Adam și ne prezintă cât a trăit fiecare. Ce este extraordinar în acest capitol – altceva decât vârsta acelor oameni – este cum se sfârșește fiecare. Precizările legate de viața fiecăruia dintre cei din acest capitol se încheie cu expresia „si a murit". Adam a trăit 930 ani, și a murit. Set a trăit 912 ani, și a murit. Enos... a murit. Chenan... a murit. Mahalalel, Iared și Metusala... toți au murit. Așa cum spusese Dumnezeu, moartea stăpânea peste oameni (Gen. 5).

Poți înțelege importanța acestui fapt? Când Adam a păcătuit, el n-a făcut acest lucru afectându-se doar pe sine, la nivel individual, nici n-a suferit consecințele păcatului lui doar ca individ. Când el a păcătuit, a făcut acest lucru ca reprezentant al tuturor urmașilor lui. Iată de ce Pavel putea spune în Noul Testament că „printr-o singură greșeală, a venit o osândă, care i-a lovit pe toți oamenii" și că „prin neascultarea unui singur om, cei mulți au fost făcuți păcătoși" (Rom. 5:18-19). Adam a acționat în numele nostru, al tuturor, acționând pentru noi toți, *răzvrătindu-se* pentru noi toți.

Acea realitate îi izbește pe oameni, aceștia considerând-o nedreaptă. „Aș prefera să fiu judecat pentru ce fac eu", spun ei, „nu să fiu reprezentat de altul". Totuși, este remarcabil că acest lucru nu i-a uimit în felul acesta pe niciunul dintre urmașii lui Adam. Probabil că acest lucru s-a datorat în parte faptului că ei știau că, dacă Dumnezeu *i-ar fi lăsat* pe fiecare dintre ei să se descurce prin puterile lor, ei nu s-ar fi descurcat deloc mai bine decât Adam. Dar acest lucru se datorează și faptului că ei știau că singura lor nădejde de a fi mântuiți era ca Dumnezeu să fi trimis pe altcineva – un alt reprezentant, un alt *Adam*, ca să zicem așa – care să ia locul lor din nou și, de data aceasta, să îi mântuiască. Adam reprezentase omenirea în supunerea lui față de Satana și în răzvrătirea lui împotriva lui Dumnezeu; ceea ce era nevoie de acum era ca *altcineva* să reprezinte omenirea în ascultare față de Dumnezeu și să iasă învingător față de Satana.

TOTUL A DUS LA ASTA

Și s-a dovedit că tocmai asta promisese Dumnezeu să facă.

Aproape imediat după ce Adam și Eva au păcătuit, Dumnezeu a promis că El va acționa pentru mântuirea omenirii prin trimiterea unui alt Reprezentant, un alt Adam care să stea în locul omului și, de această dată, să câștige mântuirea pentru om. Este un moment dătător de nădejde când Dumnezeu face acea promisiune, pentru că survine în cel mai întunecat moment posibil, când Dumnezeu pune în aplicare judecata împotriva Șarpelui care i-a ispitit la păcat pe Adam și Eva. Iată cum relatează Geneza ceea ce Dumnezeu a spus:

> Fiindcă ai făcut lucrul acesta, blestemat ești între toate vitele și între toate fiarele de pe câmp; în toate zilele vieții tale să te târăști pe pântece, și să mănânci țărână. Vrăjmășie voi pune între tine și femeie, între sămânța ta și sămânța ei. Aceasta îți va zdrobi capul, și tu Îi vei zdrobi călcâiul (Gen. 3:14-15).

Ai observat promisiunea de la final? Într-o zi, Dumnezeu avea să trimită un Om care să zdrobească odată pentru totdeauna capul Satanei. Cu alte cuvinte, acest Om avea să facă ceea ce Adam *ar fi trebuit* să facă în calitatea sa de reprezentant al omenirii și, făcând aceasta, El avea să îi mântuiască din dezastrul pe care păcatul lor l-a adus asupra lui și a întregii lumi.

Din acel moment înainte, promisiunea unui alt Reprezentant – un alt Adam – a devenit marea nădejde a omenirii. Generație după generație au privit înainte către ziua când Dumnezeu avea să Își împlinească promisiunea, și din timp în timp, ei chiar s-au întrebat dacă nu cumva persoana *aceasta* sau *aceea* ar putea fi Răscumpărătorul promis. Astfel, când Noe s-a născut, Lameh, tatăl lui, a exclamat cu nădejde: „Acesta ne va mângâia pentru osteneala și truda mâinilor noastre, care vin din acest pământ, pe care l-a blestemat Domnul" (Gen. 5:29). Dar evident că nu a fost așa. Da, asemenea lui Adam, Noe a devenit reprezentantul rasei omenești, dar aproape imediat după ce a ieșit din arcă, a dovedit că și el era un păcătos. Acest al doilea Adam a eșuat la fel ca primul, astfel că era clar că marele Răscumpărător nu sosise încă.

De-a lungul veacurilor și, în ultimă instanță, de-a lungul istoriei Israelului, nădejdile oamenilor în împlinirea promisiunilor lui Dumnezeu se îndreptau către reprezentant după reprezentant. Moise, Iosua, David, Solomon, judecătorii, regii – fiecare generație a tras nădejdea că *acesta* avea să fie Răscumpărătorul. Dar nădejdile lor s-au dovedit zadarnice de fiecare dată.

Dar apoi a venit Isus, ultimul Adam care avea să ocupe rolul reprezentativ pentru omenire și să facă ceea ce primul Adam eșuase să facă. Iată de ce confruntarea dintre Isus și Satana din pustie a fost atât de importantă. Nu doar că Isus era Căpetenia Israelul – Împăratul davidic – ci El a fost și Căpetenia omenirii, Acela care avea să câștige acolo unde primul părinte, Adam, pierduse.

Îți aduci aminte de cele trei ispite pe care Satana le-a folosit împotriva lui Isus în pustie? Acestea au ilustrat trei eșecuri mari ale Israelului, dar au fost și esența ispitei Satanei față de Adam și Eva, în grădina Eden. Nu este greșit să auzi ecourile acestui lucru în felul următor:

> Transformă pietrele în pâine, Isuse; ești înfometat; împlinește-ți nevoia *acum*. Privește către acel fruct, Adam; este plăcut la vedere; ia-l *acum*. Își ține oare Dumnezeu promisiunile, Isuse? Ei bine, eu zic că nu. De ce nu Îl provoci să dovedească ce a promis? A zis oare Dumnezeu că vei muri, Adam? Ei bine, eu zic că nu. Hai să-L testăm și să vedem ce va face. Pleacă-Te și închină-mi-Te, Isuse, și îți voi da toate împărățiile lumii. Ascultă de mine, Adam. Închină-mi-te, și te voi face ca Dumnezeu!

Lupta lui Isus cu Satana din acea zi nu a fost doar una personală. Da, El a trecut prin ispită pentru a fi în măsură să simtă cu poporul Lui, dar El a făcut și ceva ce poporul Lui nu ar fi fost vreodată în stare – să se împotrivească ispitei până la capătul puterilor, învingând-o. În acest proces, în care El a dus lupta în numele poporului Lui și împotriva dușmanului lui de moarte, El făcea ceea ce ei ar fi trebuit să facă de la început. El Îl onora pe Dumnezeu, asculta de El și se închina lui Dumnezeu *pentru ei*, ca Împăratul, Reprezentantul și Căpetenia lor.

Dar lucrurile nu s-au încheiat încă. Deși Satana a fost învins, blestemul – „negreșit vei muri" – încă stă deasupra capului omului ca o sabie. Așadar, chiar dacă Împăratul Isus l-a învins pe Satana, îndurând ispitele acestuia până la capăt și trăind o *întreagă viață* de neprihănire perfectă înaintea lui Dumnezeu, dreptatea încă striga, pentru că păcatele poporului Lui nu puteau fi pur și simplu ignorate și ocolite. Ei se răzvrătiseră împotriva lui Dumnezeu, fiecare dintre ei, iar dreptatea cerea nimic mai puțin decât ca sentința lui Dumnezeu pronunțată împotriva lor să fie pusă în aplicare complet – moartea spirituală, despărțirea de Dumnezeu, chiar mânia divină. Orice altceva ar fi pus sub semnul întrebării chiar caracterul lui Dumnezeu.

Vezi tu, dacă Împăratul Isus avea să Își mântuiască poporul din păcatele lor, pur și simplu nu era suficient să îl învingă pe marele lor vrăjmaș. La urma urmei, Satana doar îi *ispitise* să păcătuiască; ei făcuseră alegerea să se răzvrătească împotriva lui Dumnezeu. Asta înseamnă că sentința morții era meritată și rămăsese validă. De aceea, ca să Își mântuiască poporul, Isus trebuia să stingă acel blestem. El trebuia să permită ca sentința morții pronunțată de Dumnezeu – mânia Lui dreaptă împotriva păcătoșilor – să cadă asupra Lui, nu asupra lor. El trebuia să se așeze în locul lor, ca Substitut al lor nu doar în viață, ci și în moarte.

Esența este aceasta: pentru ca poporul Lui să trăiască, Căpetenia trebuia să moară.

7

MIELUL LUI DUMNEZEU, JERTFIT PENTRU OM

Ioan Botezătorul știa de ce venise Isus, și știa ce avea să facă Isus ca să-Și mântuiască poporul.

Văzându-L pe Isus coborând spre râul Iordan pentru a fi botezat, Ioan a îndreptat privirile tuturor către El și a exclamat un lucru care trebuie să fi tulburat și derutat mulțimea: „Iată Mielul lui Dumnezeu, care ridică păcatul lumii!" (Ioan 1:29). Ideea unui miel dăruit lui Dumnezeu pentru a îndepărta păcatele era foarte familiară pentru evrei. Dar se pune iar întrebarea: De ce folosea Ioan acel termen cu referire la o *persoană?* El prevestea ceva rău. La urma urmei, toți știau ce se petrecea când un miel era adus înaintea lui Dumnezeu ca jertfă pentru păcat.

I se tăia gâtul și sângera până la moarte.

CINEVA TREBUIA SĂ MOARĂ

Se spune uneori că sistemul jertfelor din poporul Israel își are originea în eliberarea acelui popor din robia egipteană, dar rădăcinile lui cele mai adânci duc de fapt înapoi până în grădina Edenului, până la sentința morții pronunțată de Dumnezeu asupra lui Adam și Eva, când aceștia au ales să se răzvrătească împotriva Lui. Dacă vrei să înțelegi jertfele evreiești – și în ultimă instanță sensul venirii lui Hristos – trebuie să înțelegi că, atunci când Dumnezeu a spus că Adam și Eva vor muri dacă păcătuiesc, El nu lua o decizie arbitrară. Nu este ca și cum El ar fi putut spune: „În ziua în care mâncați din rodul pomului, cu siguranță vă veți transforma într-un mormoloc" sau altceva.

Motivul pentru care Dumnezeu a declarat *moartea* drept consecința păcatului ține de faptul că această sentință este perfect dreaptă și potrivită în gândirea Lui. Este așa cum Pavel avea să exprime mai târziu în Noul Testament: „Plata [adică plata corectă, meritată, a] păcatului este moartea" (Rom. 6:23). Și nu este greu să înțelegem de ce. Mai înainte de toate, când Adam și Eva au păcătuit, ei n-au încălcat o regulă neimportantă impusă de Dumnezeu. Așa cum am văzut deja, ei au ales să încerce să respingă complet autoritatea Lui asupra lor. În esență, ei își declarau independența de Dumnezeul lor. Evident, problema era că tocmai Dumnezeu – Acela față de care își declarau independența – era Izvorul și Susținătorul vieților lor. El este Cel care a suflat în ei suflarea vieții și care i-a păstrat în existență, așa că, atunci când relația lor cu El s-a întrerupt – când au fost despărțiți de El – intervenit și frângerea legăturii cu singura sursă a vieții.

CAPITOLUL 7

Și nu doar atât, ci este de asemenea un lucru drept și bun ca Dumnezeu să fie mânios față de cei răzvrătiți. Biblia ne spune că Dumnezeu este perfect de bun, neprihănit și drept în însăși caracterul Lui. Având în vedere aceasta, nu ar trebui să ne surprindă că El reacționează cu ură față de păcat, păcat care este, în natura lui, o acceptare a răului și o respingere a ceea ce este bun, drept și neprihănit. Evident, mânia lui Dumnezeu nu este ca a noastră. Ea nu este explozivă și necontrolată. Dimpotrivă, ea este tocmai la polul opus – o împotrivire intensă și statornică față de păcat și o dedicare spre distrugerea lui. Iată de ce Dumnezeu le-a spus lui Adam și Eva că aveau să moară dacă păcătuiau, și acesta este motivul pentru care fiecare ființă omenească se află sub sentința morții: prin păcatul nostru – prin faptul că am schimbat bunătatea lui Dumnezeu cu răul egoist – am atras asupra noastră mânia lui Dumnezeu și ne-am separat de sursa întregii vieți.

Aceasta este cea mai adâncă origine a sistemului jertfelor evreiești. Dumnezeu Și-a învățat poporul că păcatul, prin însăși natura lui, merită și implică moartea ca pedeapsă sau plată. Dar există un alt principiu pe care Dumnezeu l-a transmis poporului Său prin jertfe, unul care le-a dat nădejde în mijlocul a ceea ce părea deznădejde totală: *nu trebuia ca pedeapsa morții să fie plătită de cel păcătos!*

O, ea trebuia plătită de *cineva* – căci moartea era cerută pentru păcat – dar Dumnezeu, în dragostea și mila Lui, a permis ca sentința morții să fie aplicată unui substitut, care avea să ia locul păcătosului. Dacă te gândești la acest lucru, poți înțelege felul în care acest aranjament exprima deopotrivă dreptatea neclintită *și* îndurarea lui Dumnezeu. Pedeapsa cerută de păcat trebuia plătită și dreptatea trebuia satisfăcută, dar păcătosul însuși nu trebuia în mod necesar să moară.

Poate că cel mai evident exemplu al acestui principiu era sărbătoarea Paștelui, celebrarea felului în care Dumnezeu Își salvase în final poporul din robia lor în Egipt. Sărbătoarea Paștelui îndrepta privirile înapoi către o anumită noapte când, într-un fel dramatic și înspăimântător, Dumnezeu a pus în aplicare sentința morții asupra poporului egiptean. De-a lungul mai multor săptămâni până la acel moment, Dumnezeu îl avertizase repetat pe faraon că refuzul lui de a-i lăsa pe evrei să plece nu făcea decât să ducă la moartea lui și a poporului său. Și Dumnezeu a pus de nouă ori în scenă puterea și suveranitatea Lui asupra Egiptului printr-o serie de urgii care au lovit acel popor. Prin acele urgii, Dumnezeu confrunta și zdrobea zeii Egiptului, punându-i unul câte unul în genunchi și dovedindu-le că doar El este Dumnezeu.

Grozăvia plăgilor a atins momentul culminant prin a zecea plagă. Iată felul în care Dumnezeu i-a descris lui Moise ce urma să facă pedepsind poporul egiptean:

> Domnul i-a zis lui Moise: „Voi mai aduce o urgie asupra lui Faraon și asupra Egiptului. După aceea, vă va lăsa să plecați de aici. Când vă va lăsa să plecați de tot, chiar

vă va izgoni de aici... Moise a zis: „Așa vorbește Domnul: 'Pe la miezul nopții, voi trece prin Egipt; și toți întâii născuți din țara Egiptului vor muri, de la întâiul născut al lui Faraon, care șade pe scaunul lui de domnie, până la întâiul-născut al roabei care stă la râșniță, și până la toți întâii-născuți ai dobitoacelor. În toată țara Egiptului vor fi țipete mari, așa cum n-au fost și nu vor mai fi. Dar dintre toți copiii lui Israel, de la oameni până la dobitoace, nici măcar un câine nu va chelălăi cu limba lui, ca să știți ce deosebire face Domnul între Egipteni și Israel" (Exod 11:1, 4-7).

Aceasta a fost o judecată devastatoare pe care Dumnezeu avea să o aducă, dar El a promis de asemenea că poporul Lui avea să fie scutit – *dacă* ei ascultau și urmau învățăturile Lui. Ceea ce Dumnezeu i-a spus poporului Său să facă trebuie să fi fost suficient de înfricoșător în sine. El le-a spus că, în noaptea în care primii născuți erau sortiți morții, fiecare familie trebuia să ia un miel – unul fără defecte, fără vreo pată sau zbârcitură – și să îl ucidă. Apoi familia trebuia să se hrănească din acel animal. Dar, mai important, Dumnezeu le-a spus să ia câteva din sângele animalului și să îl pună pe pragul de sus și pe părțile laterale ale tocului ușii fiecărei case. Acest sânge avea să acționeze ca un fel de cheie, pentru că Dumnezeu a spus că, atunci când El va trece prin țara Egiptului ca să ucidă primii născuți, va vedea sângele pe ușă și va trece mai departe, așa încât urgia să nu îi lovească. Dacă evreii făceau toate aceste lucruri – dacă mielul murea, iar familia se ascundea în spatele sângelui lui – aveau să fie salvați (Exod 12:1-13).

Acum gândește-te pentru o secundă la acest lucru: trebuie cu adevărat să te întrebi dacă poporul Israel era întrucâtva uimit să audă că Dumnezeu urma să treacă pe la casele și satele lor! Acest lucru nu se petrecuse în cazul niciuneia dintre cele nouă plăgi anterioare. În cazul acelora, broaștele, țânțarii, muștele, lăcustele, grindina, întunericul și sângele afectaseră întreg Egiptul, cu excepția zonelor unde locuiau evreii. Până în acest moment, Dumnezeul fusese foarte atent să facă o separare clară între evrei și egipteni, iar evreii n-aveau de făcut decât să se uite la tot ceea ce se petrecea. Dar acum, Dumnezeu le spune că El va vizita casele lor cu plaga morții, și vor muri la fel ca egiptenii dacă nu ascultă de Dumnezeu și dacă nu Îl cred.

În noaptea când Dumnezeu a trecut prin orașele Egiptului, ucigându-i unul câte unul pe primii născuți în judecata pentru păcatul acelui popor, trebuie să fi fost o circumstanță îngrozitoare. Țara s-a umplut de țipetele egiptenilor când copiii lor au murit în timpul nopții. Cineva s-ar putea întreba dacă nu cumva la aceștia s-au alăturat țipetele și vaietele de regret ale israeliților – cei care n-au crezut ceea ce Dumnezeu spusese, așa că au batjocorit Cuvântul lui Dumnezeu. Biblia pur și simplu nu spune asta.

Poți înțelege ce învățătură îi transmitea Dumnezeu poporului Său în acea noapte? În primul rând, acest lucru le reamintea, într-un fel șocant, de vinovăția lor. După tot ce se petrecuse până atunci, Dumnezeu le reamintea evreilor că aceștia nu erau cu nimic mai puțin vrednici de judecata morții decât egiptenii. Ei înșiși erau vinovați de păcat.

Dar mai exista o lecție acolo. Mințile și inimile evreilor trebuie să fi fost pătrunse de puterea și sensul jertfei substitutive. Uciderea mielului nu era ceva banal, ci un lucru sângeros. Tatăl avea să îngenuncheze lângă animal, să scoată cuțitul, să-i taie gâtul mielului, așa că sângele avea să izbucnească peste tot pe pământ, până ce animalul murea. Când acest lucru se petrecea, fiecare privire avea să se ridice instinctiv de la mielul muribund la băiețelul născut primul în familie, așa că întreaga familie avea să știe acest adevăr: mielul acesta moare așa încât micul nostru Iosua să nu moară. Mielul moare în locul lui Iosua.

Ai prins ideea? Dumnezeu Își învăța poporul cu seriozitate că pur și simplu nu avea să ignore păcatul lor – chiar *nu putea*. Sângele trebuia să curgă din cauza păcatului. Cineva trebuia să moară, pentru că aceasta este pedeapsa cerută de păcat. De aceea, atunci când tatăl ungea pragul casei cu sânge, îl lua pe micul Iosua în brațele sale și închidea ușa casei, întreaga familie știa că erau vinovați și că meritau moartea. Dumnezeu nu urma să îi scutească datorită vreunei inocențe a lor. El nu avea să-i salveze pentru că ei ar fi fost mai puțin vrednici de moarte decât egiptenii. Nu, ci El avea să treacă pe lângă ei pentru că *altcineva* murise în locul lor. Iar atunci când Dumnezeu făcea acest lucru, cu sabia judecății în mână, aceștia scăpau punându-și încrederea în sângele mielului.

DE DATA ASTA, NU UN ANIMAL

Pe măsura trecerii timpului, Dumnezeu a instituit un întreg sistem al jertfelor animale, prin care poporul Său învăța că păcatul lor – real și rău cum era – putea fi purtat și plătit printr-un substitut. Dar El a început de asemenea să îi învețe că pedeapsa pentru păcatele lor nu urma să fie purtată întotdeauna de animale.

De fapt, unul dintre cele mai importante exemple în acest sens este ușor de trecut cu vederea, pentru că este întrucâtva subtil. Cu toate acestea, el este unul dintre cele mai profunde și mai importante aspecte din întreg Vechiul Testament. După ieșirea lor din Egipt, evreii au petrecut destul de mult timp rătăcind în pustiu și – îți vine să crezi sau nu – s-au plâns că Dumnezeu nu le dădea suficientă hrană și apă, sau chiar că nu era *suficient de bună*. În mod repetat, Dumnezeu le-a acoperit nevoile, și totuși ei s-au plâns și au cârtit tot mai des împotriva Lui. În Exod 17, Biblia ne vorbește despre o circumstanță care, cel puțin la prima vedere, arată la fel ca oricare alt moment când Israelul a cârtit iar Dumnezeu le-a dat apă. În realitate, sensul acelei circumstanțe este infinit mai profund. Dumnezeu avea să Își învețe poporul ceva spectaculos și cu totul neașteptat.

În acea zi, poporul trebuia să vină într-un loc pe nume Refidim și, așa cum făcuseră atâtea ori până atunci, ei au început să se plângă că Dumnezeu i-a dus în pustie ca să-i ucidă – de data aceasta lipsindu-i de apă. Dar aici, la Refidim, cârtirile evreilor au atins culmi noi. De data aceasta, Biblia arată clar că ei Îl puneau pe Dumnezeu la încercare! Da, ei voiau să-l omoare cu pietre pe Moise, dar Moise era portavocea lui Dumnezeu. Problema reală a poporului nu era legată de Moise, ci de Dumnezeu. El îi dusese în pustie ca să moară, așa că Îl acuzau de crimă!

Biblia Îl descrie pe Dumnezeu dându-i învățături lui Moise în fața acuzațiilor poporului împotriva Lui. El îi spune lui Moise să adune poporul și să stea înaintea lui împreună cu toți bătrânii Israelului. Acest lucru este important, pentru că bătrânii erau cei care slujeau ca judecători ai poporului. Ei hotărau în cazurile în care erau formulate acuzații de genul acesta. Mai mult, Dumnezeu îi spune lui Moise să-și aducă toiagul. Și acesta este un detaliu important, pentru că nu era orice fel de toiag. Era toiagul cu care Moise lovise fluviul Nil, transformându-l în sânge și cu care transformase firele de nisip în țânțari, același toiag cu care a mers înaintea Mării Roșii și, după ce a despărțit-o, a adus zdrobirea armatei egiptene. Cu alte cuvinte, acesta era toiagul folosit de Moise în *judecată*.

Întreaga scenă capătă o formă foarte înfricoșătoare. Poporul a fost adunat, bătrânii au venit și ei, și a fost adus toiagul judecății. Apoi, ca și cum Dumnezeu îi spunea poporului Său rebel și cârtitor, „Vreți să ne judecăm? Bine, haideți să ne judecăm!", cineva urma să fie condamnat. Judecata urma să fie făcută. Dar împotriva cui? Nu împotriva lui Dumnezeu, ci împotriva Israelului pentru cârtirile lor, pentru nemulțumirile lor și pentru lipsa lor de credincioșie față de Dumnezeu, pentru că Dumnezeu fusese credincios față de ei în mod repetat. De aceea, toiagul judecății avea să cadă asupra lor.

Apoi situația ia o întorsătură neașteptată, atât de subtil încât chiar mulți creștini ratează să o înțeleagă. Iată cum descrie Biblia ceea ce s-a petrecut atunci:

> Moise a strigat către Domnul și a zis: „Ce să fac cu poporul acesta? Încă puțin, și au să mă ucidă cu pietre". Domnul i-a zis lui Moise: „Treci înaintea poporului, și ia cu tine vreo câțiva dintre bătrânii lui Israel; ia-ți în mână și toiagul cu care ai lovit râul, și pornește! Iată, Eu voi sta înaintea ta pe stânca Horebului; vei lovi stânca, și va țâșni apă din ea, și poporul va bea". Moise a făcut așa, în fața bătrânilor lui Israel (Exod 17:4-6).

Poți vedea obiectul judecății de la mijlocul paragrafului? Unde cade toiagul judecății? Da, pe stâncă, dar cine este pe stâncă? *Dumnezeu.* „Eu voi sta înaintea ta pe stânca Horebului", spune Dumnezeu, iar tu „vei lovi stânca". Cu alte cuvinte, „prin toiagul judecății, care ar trebui să cadă de drept asupra poporului Meu pentru nemulțumirile, păcatul și credincioșia lor", insistă Dumnezeu, „Mă vei lovi pe Mine". Și așa a făcut Moise, și care a fost rezultatul? Viața a izbucnit. Apa a curs din stâncă!

Acesta era principiul măreț al substituției, dus la un nivel cu totul nou. Acum n-a fost judecat un animal, *ci Dumnezeu însuși*, iar blestemul și judecata care ar fi trebuit să cadă asupra poporului Său, au căzut asupra Lui însuși! Drept rezultat, ei au trăit, nefiind condamnați la moarte.

MARELE ÎMPĂRAT ȘI ROBUL CARE A SUFERIT

De-a lungul secolelor, Dumnezeu Și-a învățat poporul tot mai mult despre principiul substituției, până ce profetul Isaia a legat totul laolaltă mai mult decât oricine altcineva din Vechiul Testament. Am văzut deja cum Isaia profețise că avea să vină un Împărat divin care să stăpânească lumea cu dreptate și neprihănire perfectă, și să salveze poporul lui Dumnezeu de sub asupritorii lui (Isaia 9:6-7). Acest lucru ar fi fost suficient de glorios în sine, dar Isaia a mai profețit și că acest Împărat divin – cel numit „Dumnezeu tare" – avea să ia rolul Robului lui Dumnezeu care urma să sufere, purtând păcatele poporului Lui, luând asupra Lui sentința morții pe care aceștia o meritau.

Iată cum descrie Isaia lucrarea acestui Slujitor divin, regal, care a suferit:

> Totuși, El suferințele noastre le-a purtat, și durerile noastre le-a luat asupra Lui, și noi am crezut că este pedepsit, lovit de Dumnezeu, și smerit. Dar El era străpuns pentru păcatele noastre, zdrobit pentru fărădelegile noastre. Pedeapsa, care ne dă pacea, a căzut peste El, și prin rănile Lui suntem tămăduiți. Noi rătăceam cu toții ca niște oi, fiecare își vedea de drumul lui; dar Domnul a făcut să cadă asupra Lui nelegiuirea noastră a tuturor... Va vedea rodul muncii sufletului Lui și se va înviora. Prin cunoștința Lui, Robul Meu cel neprihănit îi va pune pe mulți oameni într-o stare după voia

lui Dumnezeu, și va lua asupra Lui povara nelegiuirilor lor (Isaia 53:4-6, 11).

Poți înțelege ce spune Isaia aici? El spune că acest Împărat măreț avea să înființeze nu doar o Împărăție a neprihănirii perfecte. Ca Rob al suferinței, El avea să ia asupra Lui — și să stingă – pedeapsa morții pentru poporul Său. El avea să absoarbă blestemul care stătea împotriva lor și să îi facă în stare să trăiască pe veci cu El în Împărăția înființată de El.

EL ȘTIA DE CE A VENIT

Toate acestea erau în mintea lui Ioan Botezătorul când a exclamat: „Iată Mielul lui Dumnezeu, care ridică păcatul lumii!" (Ioan 1:29). El a recunoscut că Isus era jertfa finală ce avea să moară în locul poporului Său, Robul suferinței demult prevestit, care urma să fie zdrobit pentru nelegiuirile poporului Său.

De asemenea, așa cum am văzut, Isus nu a fost botezat pentru că ar fi avut nevoie să se pocăiască de păcat, ci pentru că Se identifica și Se unea cu poporul păcătos pe care venise să îl mântuiască – Fiul lui Dumnezeu, Reprezentantul, Împăratul, Căpetenia și Robul suferind al Domnului. Aceasta este ultima parte din ceea ce a vrut să spună acel glas din Cer când a rostit cuvintele acestea: „Acesta este Fiul Meu preaiubit, în care Îmi găsesc plăcerea" (Matei 3:17). Expresia „în care Îmi găsesc plăcerea" constituie un ecou deliberat al cuvintelor din cartea Isaia, pe care Dumnezeu le-a spus la început despre Robul care avea să sufere.

CAPITOLUL 7

Sper că poți înțelege acum lucrul extraordinar care se petrecea în ziua aceea pe malul râului Iordan. Odată cu botezul Lui și cu aceste cuvinte care s-au auzit din Cer, Isus intra pe deplin în slujirile pe care Dumnezeu le intenționase pentru El de la bun început. Ai putea chiar să spui că, odată cu aceste cuvinte rostite din Cer, Dumnezeu Îl declară pe Isus ca triplu încoronat – având coroana Cerului ca Fiul lui Dumnezeu, coroana lui Israel ca Împăratul îndelung așteptat, și coroana spinilor ca Robul suferinței care avea să Își mântuiască poporul murind pentru ei, în locul lor.

Aceste lucruri nu L-au luat prin surprindere pe Isus. El știa de ce venise și știa exact ce anume se cerea de la El pentru a-Și mântui poporul din păcatele lor. El avea să ia mânia lui Dumnezeu pentru poporul Lui. Asta a avut El în intenție când a spus că a venit „să-Și dea viața ca răscumpărare pentru mulți" (Matei 20:28). Asta a vrut să spună când le-a dat ucenicilor Lui paharul cu vin la ultima lor Cină, înainte de moartea Lui, și a spus: „Beți toți din el; căci acesta este sângele Meu, sângele legământului celui nou, care se varsă pentru mulți, spre iertarea păcatelor" (Matei 26:27-28). Limbajul era simbolic, dar realitatea din spatele lui era zdrobitor de puternic. Isus se apropia de moarte. Fiul veșnic al lui Dumnezeu, Împăratul îndelung așteptat, luase deja sabia căzută și câștigase bătălia poporului Lui. Acum El era pe punctul de a plăti pedeapsa pentru păcatele lor. Robul suferind era gata să poarte nelegiuirile poporului Său, să moară în locul lor și să îi facă neprihăniți înaintea lui Dumnezeu.

NICIO ALTĂ CALE

În noaptea dinaintea morții Sale, Isus a luat o ultimă Cină împreună cu ucenicii Lui, și aceasta s-a dovedit una dintre cele mai clare explicații a tot ceea ce spusese El până atunci. În fiecare an, evreii celebrau Paștele luând masa împreună. Această masă le reamintea de marea eliberare pe care Dumnezeu o făcuse atunci când îi salvase din robia egipteană. Când Isus și ucenicii au stat împreună la această Cină, ei celebrau o mântuire uimitoare. Dar Isus avea alte intenții. Luând masa cu ei, El le-a explicat că acum urma să aibă loc un act al mântuirii mult mai măreț, unul care avea să salveze poporul lui Dumnezeu nu doar din robia și moartea fizică, ci din robia și moartea *spirituală*. Un act al dragostei mult mai măreț decât exodul era pe punctul de a fi împlinit. Iată ce a spus Isus la acea ultimă Cină:

> Pe când mâncau ei, Isus a luat o pâine; și după ce a binecuvântat, a frânt-o, și le-a dat-o ucenicilor, zicând: „Luați, mâncați; acesta este trupul Meu". Apoi a luat un pahar, și, după ce I-a mulțumit lui Dumnezeu, li l-a dat, zicând: „Beți toți din el; căci acesta este sângele Meu, sângele legământului celui nou, care se varsă pentru mulți, spre iertarea păcatelor" (Matei 26:26-28).

Iată unde L-a dus pe Isus dragostea pentru ucenicii Lui: sângele Lui avea să fie vărsat pentru ca ei să poată fi mântuiți. El avea să moară așa încât ei să poată fi iertați de păcatele lor, de lipsa lor de credincioșie și de răzvrătirea lor față de Dumnezeu.

Ceea ce urmează este unul dintre acele locuri din Scriptură de care aproape că îți este teamă să te apropii. Situația este mult prea intimă și agonizantă. După acea masă, Isus Și-a luat ucenicii ducându-i într-o grădină numită Ghetsimani. El știa ce avea să urmeze, așa că merge un pic mai departe ca să se roage. Rugăciunea pe care Isus o spune acolo, în grădină, este agonizantă, dar ne arată din nou dragostea care L-a condus pe Isus să îndure crucea: „a căzut cu fața la pământ, și S-a rugat, zicând: ,Tată, dacă este cu putință, depărtează de la Mine paharul acesta! Totuși, nu cum voiesc Eu, ci cum voiești Tu'" (Matei 26:39).

Dacă te uiți cu atenție, îți dai seama că, în fapt, exista o cale ca acest pahar – paharul mâniei lui Dumnezeu, pe care Isus urma să îl bea, să fie *evitat*. Exista o cale ca El să *nu* trebuiască să bea conținutul acelui pahar – și acea cale însemna ca noi, păcătoșii, să fim lăsați pradă condamnării și pedepsei cu moartea veșnică. Asta voia Isus să spună atunci când s-a referit la cele 12 legiuni de îngeri aflate la dispoziția Lui. 72000 de îngeri erau gata, în orice clipă, la o simplă *șoaptă* de pe buzele Sale, să-L ducă pe Isus înapoi în slava cerească, în lauda și închinarea a miliarde și miliarde de îngeri care L-ar fi cinstit pe veci ca Fiul lui Dumnezeu cel perfect de drept și perfect de neprihănit.

Dar El nu i-a chemat. El i-a lăsat să rămână la marginea Cerului, uimiți la întreaga scenă, pentru că El și Tatăl Său hotărâseră să salveze poporul Lor căzut în păcat. Și odată ce s-a luat acea hotărâre, exista o singură cale pentru punerea ei în practică – anume Isus trebuia să bea paharul mâniei lui Dumnezeu. Aceea a fost întrebarea pusă de Isus în grădină: „Există vreo altă cale să-i mântuiesc, Tată? Pot acești oameni să fie mântuiți pe orice altă cale decât ca Eu să port pedeapsa morții și a despărțirii de Tine?" Iar răspunsul a venit înapoi, în tăcere, dar indubitabil: „Nu. Nu există nicio altă cale". De ce? Pentru că Dumnezeu nu putea ascunde păcatul sub preș. El nu îl putea ignora, nici nu putea pretinde că nu existase, sau să îl ierte pur și simplu. El trebuia să *trateze* păcatul cu dreptate și neprihănire. La urma urmei, așa cum spunea psalmistul, „dreptatea și judecata sunt temelia scaunului Tău de domnie" (Ps. 89:14; 97:2). Iată de ce Isus avea să bea paharul mâniei lui Dumnezeu – pentru că El ne-a iubit și a vrut să ne mântuiască, da, dar și pentru că L-a iubit pe Dumnezeu Tatăl și nu a dorit să vadă gloria Lui diminuată în acest proces. Noi aveam să fim mântuiți, iar Dumnezeu avea să fie glorificat. Totuși, aceste lucruri nu se puteau petrece decât dacă Isus Împăratul murea.

PE CÂND STĂTEA ACOLO, MURIND

Practica romană a crucificării va rămâne în istorie ca una dintre cele mai obscene, mai crude și mai umilitoare metode de execuție. Atât de oribilă era ea încât, în fapt, oamenii sofisticați și educați din societățile greacă și romană nici nu rosteau cuvântul *cruce* în compania cuiva respectabil. Acela era un cuvânt josnic și se referea la o formă de moarte urâtă și disprețuită de toți.

În lumea romană, răstignirea nu era niciodată un eveniment privat. Ea era întotdeauna dură, făcută deschis, înaintea unui public setos de sânge. Acest lucru se petrecea pentru că scopul ei era să îngrozească masele așa încât să se supună autorităților. Romanii se asigurau că acele cruci rămâneau în picioare susținând trupurile zdrobite ale muribunzilor sau chiar cadavrele putrede ale celor deja morți, fiind amplasate frecvent de-a lungul principalelor drumuri către orașe. Ei chiar programau crucificări în masă care să coincidă cu sărbători civile și religioase, asigurându-se că un număr cât mai mare de oameni aveau să fie martori la acele orori. Ucigașii, hoții, trădătorii și în special sclavii erau crucificați brutal cu miile, peste tot în imperiu și întotdeauna în public. Grozăvia crucii era un eveniment de care nu puteai scăpa în lumea romană, iar autoritățile imperiale o gândiseră tocmai cu acest scop.

Având în vedere numărul și frecvența crucilor din societatea romană, este întrucâtva surprinzător că relatările antice despre crucificare sunt destul de rare. Dar trebuie să ne aducem aminte că nimeni nu voia să scrie prea multe lucruri despre așa ceva. De ce să o facă? Crucea era o oportunitate aprobată de guvern – și chiar *încurajată* – pentru călăi, prin care ei să se folosească de cei condamnați satisfăcându-și cele mai sadice, brutale și rău intenționate fantezii în chinuirea acelor oameni. Așadar, nu este deloc surprinzător că relatările pe care le avem sunt în general scurte, iar autorii fac aluzie de obicei la ideea că răstignirea era oribilă, evitând să o descrie cu prea multe detalii. Ei par să spună: „nici nu vreți să știți în ce constă așa ceva".

Carne zdrobită de lemnul neiertător, piroane de fier care treceau prin oase și care zdrobea nervii, articulații dislocate de greutatea mortală a trupului, umilință publică înaintea privirilor celor din familie, a prietenilor și a lumii – aceasta era moartea pe cruce, „stâlpul infamiei", așa cum o numeau romanii, „lemnul sterp", *maxima mala crux*. Sau, așa cum o numeau ironic grecii, *stauros*. Așa că nu este de mirare de ce nimeni nu vorbea despre ea. Nu este surprinzător că părinții le acopereau ochii copiilor lor înaintea crucii. *Stauros* era un lucru dezgustător, iar cel care murea pe ea era și el dezgustător, un infractor ticălos a cărui singură utilitate, stând acolo agățat pe lemn și putrezind, era să servească de avertisment pentru oricine s-ar fi gândit să îi urmeze exemplul.

Și acesta fost felul în care Isus a murit.

Totuși, *această* răstignire a fost deosebită de a oricărui alt om. Orice lucru s-a spus despre omul care stătea atârnat pe *această* cruce a fost diferit. Ceva neobișnuit se petrecea aici.

CAPITOLUL 7

În primul rând, felul în care Isus a acționat câtă vreme a fost atârnat pe cruce – ceea ce El a spus înaintea celor din jurul Lui a fost diferit. Majoritatea criminalilor răstigniți pe crucile romane își petreceau ultimele ceasuri fie implorând milă, fie aruncând cu insulte către soldații și oamenii care se uitau la ei, fie pur și simplu urlând de durere. Dar nu Isus. Când El a stat acolo, îndurând insultele din partea liderilor evrei, batjocurile celor crucificați alături de El, și interesul rece și calculat al soldaților romani, Isus era mișcat de dragoste față de cei care Îl ucideau. Când unul dintre cei răstigniți alături L-a recunoscut drept cine era cu adevărat, Isus i-a spus: „Adevărat îți spun că astăzi vei fi cu Mine în Rai" (Luca 23:43). Pe când soldații trăgeau la sorți hainele Lui la piciorul crucii, El a privit către Cer și s-a rugat: „Tată, iartă-i, căci nu știu ce fac" (Luca 23:34).

Uimitor este și că, pe când stătea atârnat pe cruce, cu doar câteva clipe înaintea morții, Isus îi iubea, îi mântuia și le oferea nădejde celor din jurul Lui.

Apoi El a îndurat batjocura – batjocura *nesfârșită*. Romanii începuseră aceasta când L-au îmbrăcat pe Isus într-o țesătură de purpură, punându-I o trestie în mână în semn de sceptru și o cunună de spini pe cap. Apoi s-au plecat înaintea Lui, râzând și strigând: „Plecăciune, Împăratul iudeilor!" Acest gest era deopotrivă îndreptat către umilirea întregului popor evreiesc și către batjocorirea lui Isus și totuși, când a fost atârnat pe cruce, propriul popor al lui

Isus s-a alăturat romanilor în batjocuri. Unul spunea: „Dacă ești Tu Fiul lui Dumnezeu, pogoară-Te de pe cruce!" Un altul a strigat: „Pe alții i-a mântuit, iar pe Sine nu Se poate mântui". Isus n-a răspuns nimic la toate acestea. Chiar dacă El știa că mare parte din ceea ce acești oameni spuneau era, ironic, *adevărat*, Isus pur și simplu a îndurat totul (Matei 27:29, 40, 42).

Apoi a venit întunericul. Scriitorii Evangheliei ne spun că, de la ceasul al șaselea până la ceasul al nouălea – adică aproape de la prânz până la trei după amiază – un întuneric gros a acoperit Ierusalimul. Multă cerneală s-a vărsat de-a lungul istoriei încercând să explice ce însemna acel întuneric: poate că o eclipsă, o furtună de praf sau chiar ceva activitate vulcanică. Dar oamenii care au văzut acel întuneric au înțeles că era un act al lui Dumnezeu însuși. Luca ne spune pur și simplu că „soarele s-a întunecat" (Luca 23:45).

În fapt, întunericul care a acoperit țara în acea zi a fost un simbol puternic a ceea ce se petrecea pe cruce când Isus a murit. Biblia arată în repetate rânduri cum judecata lui Dumnezeu este descrisă prin *întuneric*. Ea este întunericul morții și al mormântului. Acolo, pe Golgota, acel întuneric al judecății L-a învăluit pe Isus, Fiul lui Dumnezeu, Robul care a suferit.

Când întunericul s-a ridicat, Matei ne spune că Isus a strigat cu glas tare: „Eli, Eli, lama sabachthani?", o ex-

CAPITOLUL 7

presie din aramaică având sensul, „Dumnezeul Meu, Dumnezeul Meu, pentru ce M-ai părăsit?" (Matei 27:46). Acesta era un citat din Psalmul 22, o cântare în care regele David suferă simbolic în locul Israelului. Dar ce voia să spună Isus prin aceasta? El spunea că, în acel moment, sub întunericul judecății, El Își reprezenta poporul luând asupra sufletului Său pedeapsa pe care acesta o merita – anume să fie abandonat, alungat și uitat de Dumnezeu. Când El stătea atârnat pe cruce, toate păcatele poporului lui Dumnezeu fost puse asupra lui Isus, iar El a murit pentru ei. În locul lor. Căpetenia lor. Substitutul lor. Împăratul lor.

Astfel, sentința veche a morții pronunțată la început în Eden a fost executată. Blestemul a fost aplicat. Isus, Fiul lui Dumnezeu, a fost abandonat de Tatăl din cauza păcatelor poporului Lui, și El a murit rostind cu glas tare următoarele cuvinte: „S-a isprăvit" (Ioan 19:30).

Ceea ce s-a petrecut ulterior este de o frumusețe unică. Matei ne spune că perdeaua templului – ecranul înalt țesut care separa poporul de locul preasfânt unde era prezența lui Dumnezeu – a fost ruptă în două de sus până jos (Matei 27:51). Prin aceasta, Dumnezeu le arăta oamenilor că exilul lor lung dinaintea prezenței Lui se sfârșise pe veci. După atâtea milenii, din ziua când Adam și Eva au privit înapoi cu lacrimi după ce au fost exilați din Eden, oamenii erau invitați din nou să intre în locul preasfânt, să vină în prezența lui Dumnezeu.

Robul care a suferit, Împăratul împăraților, Căpetenia omenirii Și-a finalizat lucrarea. Prin viața Lui, Isus a făcut tot ceea ce cerea dreptatea lui Dumnezeu. Prin sângele Lui, El a plătit pedeapsa meritată de poporul Său pentru păcatele lor. El a inversat triumful Satanei. El a câștigat mântuirea, odată pentru totdeauna.

Iar acum, El era mort.

8

DOMNUL ÎNVIAT ȘI ÎNĂLȚAT

Cei doi infractori răstigniți împreună cu Isus erau încă vii, și se făcea deja târziu în acea zi de vineri. Într-un alt oraș, probabil că romanii i-ar fi lăsat acolo atârnați pe cruce pe timpul nopții, poate chiar le dădeau câte ceva de mâncare și apă ca să rămână vii și să sufere zile în șir. Dar de data asta au hotărât altfel, fiind în Ierusalim. Deși romanii îi țineau din scurt și cu fermitate pe cei pe care îi cucereau, în general ei respectau tradițiile religioase ale acestora. Așa era cazul evreilor, cărora romanii le permiteau să își respecte ziua săptămânală de odihnă, Sabatul, care începea de vineri, de la apusul soarelui, și ținea până sâmbătă la apus. Astfel, când liderii evrei i-au cerut guvernatorului să facă ceva pentru a se asigura că trupurile nu aveau să rămână pe cruce de-a lungul Sabatului, guvernatorul roman a fost de acord.

Asta însemna că cei trei crucificați trebuiau să moară repede, astfel că s-a dat ordin ca soldații să facă ceea ce ei numeau *crurifragium*. Într-un fel, a fost un act de milă rece când soldații s-au apropiat de unul dintre cei țintuiți pe cruce alături de Isus, i-au lovit cu sulița picioarele și i-au zdrobit fluierele picioarelor. Bărbatul acela trebuie să fi urlat de durere, dar agonia lui avea să se termine rapid. Întrucât nu se mai putea împinge în picioare ca să respire, omul avea să moară în câteva minute. Același lucru i s-a făcut și celuilalt bărbat, dar când au ajuns la Isus, soldații și-au dat seama că El era deja mort. Acest lucru a fost întrucâtva surprinzător pentru ei, pentru că, în mod obișnuit, cel răstignit nu murea atât de repede. Ca să se asigure, unul dintre ei și-a ridicat sulița și a înfipt-o în coasta lui Isus. Când a scos-o de acolo, din rană a curs un amestec de sânge și apă, un semn indubitabil al morții.

Unii dintre ucenicii lui Isus, inclusiv mama Lui, erau acolo, la Golgota, privind toată această scenă. Ei i-au văzut pe soldați țintuindu-L pe cruce, bătând cuie în mâinile și picioarele Lui. Ei au văzut momentul când crucea a fost ridicată, au văzut soarele întunecându-se la amiază, L-au auzit pe Isus strigând în agonie atunci când a trecut prin abandonarea Lui de către Dumnezeu, L-au auzit strigând în final că lucrarea Lui s-a isprăvit, și L-au văzut când Și-a plecat capul înainte și a murit. Acum, ei doreau să Îi îngroape trupul, căci romanii nu obișnuiau să facă acest gest.

Unul dintre ucenicii lui Isus, un bărbat bogat pe nume Iosif din Arimateea, își ținuse credința în Isus necunoscută până acum, dar, dintr-o motiv anume, el a decis în acest moment să și-o manifeste public. De aceea, el s-a dus la guvernator și a cerut să ia trupul lui Isus ca să-l înmormânteze. Iosif avea un mormânt într-o grădină din apropiere, mormânt tocmai pregătit, și voia să Îl îngroape acolo pe Isus. Pilat i-a dat permisiunea, astfel că Iosif și câțiva dintre ucenicii lui Isus au început lucrarea neplăcută de pregătire a trupului Lui pentru înmormântare. Crucea a fost coborâtă, cuiele de fier a fost scoase din mâinile și picioarele Lui, iar cununa de spini pe care o avea pusă pe cap a fost lăsată deoparte. Apoi bărbații au început să Îi îmbălsămeze trupul, folosind pentru aceasta, așa cum ne spune Ioan, o sută de litri de amestec de smirnă și aloe (Ioan 19:38-42).

Soarele apunea, așa că n-au putut să își încheie lucrul la timp. Ei aveau să se întoarcă devreme în dimineața de duminică, după Sabat. Pentru moment, ei doar au învelit trupul lui Isus, l-au dus la mormânt și l-au așezat înăuntru. Apoi au astupat intrarea cu o piatră mare, ca să sigileze mormântul, și s-au dus acasă.

M-am întrebat adesea cum a fost acea sâmbătă pentru cei care își abandonaseră viețile ca să Îl urmeze pe Isus vreme de trei ani până la moartea Lui. Probabil că evenimentele din ultimele câteva zile le-au tot trecut prin minte, și trebuie să se fi întrebat ce va urma. După toate promisiunile, minunile, profețiile și pretențiile lui Isus, totul se încheiase brusc. Sunt sigur că ei aveau o mulțime de întrebări, dar ceea ce știau cu siguranță era că, acum, Isus era mort, la fel ca orice alt mort. Romanii făcuseră un exemplu public din pedepsirea Lui, iar liderii evrei scăpaseră de o altă problemă. Nădejdile lor – pe care și le puseseră în întregime în Isus, Cel despre care ei sperau că era Hristosul, Fiul Dumnezeului celui viu – muriseră odată cu El.

De aceea, mă întreb cum trebuie să fi fost acea sâmbătă. Biblia ne spune că ucenicii s-au risipit după ce Isus a fost arestat, și se pare că majoritatea s-au ascuns. Atât cât știm, doar un mic număr dintre ucenici au fost prezenți la răstignire. La urma urmei, ei puteau să se îngrijoreze ca nu cumva autoritățile să pună mâna și pe ucenicii acestui „fals mesia" și să îi ucidă și pe ei. De aceea, ei s-au ascuns în casele lor sau ale prietenilor lor, sperând să scape de mânia Romei. Probabil că au și plâns. Ce altceva să faci când tot ceea ce sperai să se întâmple se transformase într-o simplă iluzie, o dorință care s-a spulberat în aer?

Isus, „Fiul lui Dumnezeu". „Hristosul". „Împăratul lui Israel". „Moștenitorul lui David". „Ultimul Adam". „Robul în suferință".

Toate acestea păreau o amăgire.

Realitatea izbitoare era următoarea: Isus era un tâmplar. Din Nazaret. El fusese prietenul lor. Iar acum era mort.

Maria și celelalte femei trebuie să fi simțit aceleași lucruri în dimineața zilei de duminică, atunci când au mers la mormântul lui Isus. Ele nu s-au dus acolo să vadă dacă Isus respectase promisiunea îndrăzneață de a învia din morți. În acel moment, nici nu-și mai aminteau că El spusese așa ceva. Nu, ci aveau doar de gând să încheie slujba de îmbălsămare a trupului Lui, pentru că nu avuseseră timp să facă acest lucru înainte de apusul soarelui, în urmă cu câteva zile. Aşadar acum, când au avut prima oportunitate, au mers la mormânt ca să îmbălsămeze un trup răstignit, mort de două zile.

Aceasta era aşteptarea lor – o dimineaţă neplăcută, tristă şi dureroasă. Dar nu de asta au avut parte.

În fapt, ceea ce ele au văzut când au sosit la mormânt le-a şocat şi a schimbat istoria lumii. Iată relatarea lui Marcu:

> După ce a trecut ziua Sabatului, Maria Magdalena, Maria, mama lui Iacov, şi Salome, au cumpărat miresme, ca să se ducă să ungă trupul lui Isus. În ziua dintâi a săptămânii, s-au dus la mormânt dis de dimineaţă, pe când răsărea soarele. Femeile ziceau una către alta: „Cine ne va prăvăli piatra de la uşa mormântului?" Şi când şi-au ridicat ochii, au văzut că piatra, care era foarte mare, fusese prăvălită. Au intrat în mormânt, au văzut un tinerel şezând la dreapta, îmbrăcat într-un veşmânt alb, şi s-au înspăimântat. El le-a zis: „Nu vă înspăimântaţi! Îl căutaţi pe Isus din Nazaret, care a fost răstignit: a înviat, nu este aici; iată locul unde îl puseseră. Dar duceţi-vă de spuneţi-le ucenicilor Lui, şi lui Petru, că merge înaintea voastră în Galileea: acolo Îl veţi vedea, cum v-a spus" (Marcu 16:1-7).

A fost nevoie de ceva timp ca realitatea să se aşeze bine în minţile lor. La urma urmei, ele nu Îl văzuseră în fapt pe Isus. Ele doar primiseră vestea de la acest „tinerel" în robă albă – un înger – că Isus era viu. Femeile au alergat repede să le spună ucenicilor, iar aceştia au venit şi ei la mormânt, au privit în interior şi au văzut hainele de înmormântare ale lui Isus împachetate şi puse cu grijă deoparte. Apoi s-au dus acasă, s-au minunat şi s-au întrebat, sperând în tot acest timp ca vestea primită să fie adevărată.

O femeie pe nume Maria Magdalena, ucenică de multă vreme, a fost prima persoană care L-a văzut pe Isus cel înviat. După ce celălalt ucenic a părăsit mormântul, Maria a rămas în urmă, plângând. Plecându-se pentru a privi din nou în mormântul gol, ea a fost uimită să vadă de data aceasta doi îngeri stând alături de locul unde fusese pus trupul lui Isus. Ei au întrebat-o: „Femeie, pentru ce plângi?" Răspunsul ei a fost următorul: „Pentru că L-au luat pe Domnul meu, şi nu ştiu unde L-au pus" (Ioan 20:13). Opreşte-te aici pentru o clipă şi gândeşte-te că, după tot ceea ce se petrecuse, cu piatra dată la o parte, cu mormântul gol, cu îngerii care le-au spus femeilor că Isus nu era acolo, printre cei morţi, totuşi cei mai apropiaţi ucenici ai lui Isus n-au fost atât de grăbiţi să creadă că El înviase. Ei se aflau la *mare depărtare* de ideea că ar fi fost păcăliţi, aşa cum s-a spus uneori despre ei. Ca o dovadă în acest sens, Maria Magdalena chiar priveşte un înger în faţă şi îi spune că *părerea ei* era că cineva mutase trupul lui Isus!

În acel moment, ne spune Ioan, Isus a apărut dinapoia ei. Ea nu ştia că era El, ci se gândea că era grădinarul. „Femeie", a întrebat-o El, „de ce plângi?" De aceea, Maria

I-a spus: „Domnule, dacă L-ai luat, spune-mi unde L-ai pus" (Ioan 20:15). Ea se gândea probabil că grădinarul îi mutase trupul dintr-un motiv anume. Isus n-a răspuns la acea întrebare.

Era vremea ca Maria să cunoască adevărul.

De aceea, „Isus i-a zis: ,Marie'". A fost rostit doar numele ei, cu toată dragostea, compasiunea și puterea cu care El îl rostise dintotdeauna. Atunci Maria a știut. „Ea s-a întors, și I-a zis în evreiește: ,Rabuni!' adică: ,Învățătorule!'" (Ioan 20:16). Era El! La finalul tuturor evenimentelor, aici era Isus cel răstignit și înviat!

De-a lungul următoarelor 40 de zile, Isus a revenit în mod repetat la ucenicii Lui, uneori în grupuri mai mici, alteori în grupuri mai mari. El le-a vorbit tuturor și uneori i-a chemat pe unii dintre ei ca să le vorbească individual. El i-a învățat, le-a explicat sensul a tot ceea ce se petrecuse și i-a ajutat să creadă că El era cu adevărat *acolo!* Când ei s-au întrebat dacă nu cumva El era o nălucă, Isus a mâncat pește. Când Petru era zdrobit de vinovăție pentru că se lepădase de El, Isus l-a iertat. Unul dintre ucenici, Toma, a afirmat pe față că nu va crede niciodată că Isus înviase dacă nu își va pune degetul peste rănile Lui și mâna peste locul unde sulița I-a străpuns coasta. Apoi, după aproape o săptămână, în timp ce erau toți strânși laolaltă și ușile erau încuiate, Isus Și-a făcut din nou apariția. El n-a bătut la ușă, cerând permisiunea de a intra. Nu, ci oamenii care au fost martori acolo au spus că El pur și simplu *a venit* între ei. Isus s-a îndreptat imediat către Toma și Și-a oferit mâna: „Adu-ți degetul încoace", a spus El, „și uite-te la mâinile Mele; și adu-ți mâna, și pune-o în coasta Mea; și nu fi necredincios, ci credincios". Toma a fost uluit. Într-o secundă, el a cunoscut adevărul și I-a spus lui Isus: „Domnul meu și Dumnezeul meu!" (Ioan 20:27-28).

Trebuie să îți dai seama că omul care stătea acum înaintea lor nu era cineva care fusese resuscitat, ca și cum ar fi fost *relativ* mort pe cruce și reușise cumva să revină la viață. El nu era unul care să fi fost chemat din moarte, ca fiul văduvei sau ca Lazăr. Nu, ci în cazul lui Isus, El trecuse prin moarte și ieșise victorios de cealaltă parte. Rănile erau încă acolo, dar nu mai aveau nevoie să fie tratate sau vindecate. Acum, ele erau dovada glorioasă a felului în care moartea L-a capturat pentru o clipă și a felului în care El o cucerise. Pentru ucenici, asta însemna că totul se schimba. Disperarea a făcut loc triumfului, moartea a făcut loc vieții, condamnarea a făcut loc mântuirii, și înfrângerea abjectă unei victorii uimitoare.

Isus era viu.

ÎNVIEREA LUI ISUS - TEMEIUL, FUNDAȚIA ȘI PIATRA DE TEMELIE

Învierea lui Isus a fost un lucru foarte controversat de-a lungul secolelor, iar marea întrebare care a condus dintotdeauna la aceste controverse a fost următoarea: A fost ea reală? Este ușor de înțeles aspectul controversat, pentru că implicațiile învierii sunt enorme. Dacă Isus a înviat din morți cu adevărat după ce a fost răstignit, atunci ceva extraordinar trebuie să se fi petrecut, și noi toți ar trebui să Îl ascultăm în tot ceea ce El a pretins vreodată despre Sine – anume că este Fiul lui Dumnezeu, Împăratul împăraților, Domnul vieții, Robul care a suferit, a doua Persoană a Trinității, toate acestea fiind dovedite. Pe de altă parte, dacă El *n-ar fi înviat* din morți, atunci nimic nu ar conta. Totul s-a sfârșit, învierea Lui n-ar trebui să fi fost niciodată o chestiune atât de importantă în istoria omenirii, așa că putem să ne vedem de viețile noastre, pentru că Isus ar fi fost doar unul dintre evreii din primul secol, care a pretins lucruri grandioase despre Sine, apoi a murit. Atât.

Poți înțelege acum de ce creștinii le acordă o importanță atât de mare acestor lucruri? Învierea este lucrul de care depinde întreg creștinismul. Ea este fundamentul pe care stă orice alt lucru, piatra de căpătâi care susține orice alte pretenții legate de creștinism. Asta înseamnă că, atunci când creștinii susțin că Isus a înviat din morți, ei formulează o pretenție *istorică*, nu una religioasă. Evident, există implicații „religioase" ale acelei pretenții, dacă vrei să le numești așa, dar niciuna dintre ele nu ar fi validă câtuși de puțin dacă Isus nu S-ar fi întors la viață din morți în mod real, istoric și autentic. Până și creștinii timpurii au înțeles acest lucru. Ei nu erau interesați să inventeze o istorioară religioasă drăguță care să îi încurajeze pe oameni, să îi ajute să trăiască vieți mai bune și probabil să le ofere o metaforă a unei nădejdi care să-i scape de disperare sau care să îi ajute să treacă prin furtunile vieții. Nu, ci creștinii de la început voiau ca lumea să știe că ei credeau cu adevărat că Isus *ieșise viu din mormânt*, și ei înșiși știau că, dacă El n-ar fi făcut acest lucru, orice altceva susțineau ei nu era decât sec, fals și total nevrednic de crezare. Este ca atunci când Pavel a scris următoarele cuvinte într-una dintre epistolele lui: „dacă n-a înviat Hristos, atunci propovăduirea noastră este zadarnică, și zadarnică este și credința voastră... dacă n-a înviat Hristos, credința voastră este zădarnică, voi sunteți încă în păcatele voastre... Dacă numai pentru viața aceasta ne-am pus nădejdea în Hristos, atunci suntem cei mai nenorociți dintre toți oamenii!" (1 Cor. 15:14-19).

Cu alte cuvinte, dacă Isus n-a înviat din morți, creștinii sunt niște oameni vrednici de milă.

Dar există și cealaltă fațetă: dacă Isus *a înviat* din morți, atunci orice ființă omenească este confruntată cu cerința de a crede ceea ce El a spus, de a-L recunoaște ca Împărat și de a I se supune ca Mântuitor și Domn. Și evident, prietenul meu, asta te include și pe *tine*.

Iată de ce este important pentru tine – da, pentru tine, cel care citești această carte – să ajungi la momentul deciziei în ce crezi tu despre învierea lui Isus. Nu este suficient să amâni evaluarea unui astfel de subiect. Trebuie să te gândești și să te hotărăști dacă „Da, cred că acest lucru s-a petrecut. Cred că Isus a înviat din morți și cred că

El este cine a pretins că este", sau „Nu, nu cred că acest lucru s-a petrecut și resping pretențiile Lui". Uneori îi auzi pe oameni spunând că este legitim să nu aibă nicio opinie despre înviere, pentru că nimeni nu știe adevărul în pretențiile religioase. Dar, așa cum am spus mai devreme, creștinii nu emit o pretenție *religioasă* atunci când spun că Isus a înviat din mormânt. Ei fac o pretenție *istorică*. Ei spun că acest lucru s-a petrecut la fel de sigur și de real pe cât putem ști că Iulius Cezar a devenit împăratul Romei. Este acel fel de pretenție la care te poți gândi și pe care poți să o investighezi. Această pretenție poate fi judecată și poți la o ajunge la o concluzie despre ea.

Crezi că acest lucru s-a petrecut, sau nu?

Iată adevărul fundamental al creștinilor: Noi credem că el s-a petrecut.

Noi nu credem că ucenicii experimentau un fel de halucinație în masă. Acest lucru nici măcar nu are logică, având în vedere multele circumstanțe în care oamenii L-au văzut pe Isus, frecvența și în câte grupuri diferite de oameni.

De asemenea, noi nu credem că toate acesta au fost o greșeală uriașă. Ultimul lucru pe care liderii evrei îl doreau era un zvon despre un Mesia înviat care plutea în jur, astfel că primul lucru pe care l-ar fi făcut în fața unui astfel de zvon era să aducă trupul Lui ca dovadă că era doar un zvon. Dar ei nu au făcut niciodată așa ceva. Pe de altă parte, dacă Isus ar fi reușit cumva să supraviețuiască răstignirii Lui, cum ar fi fost posibil ca acest om străpuns cu sulița, bătut, rănit, răstignit să poată fi în stare să îi convingă pe ucenicii Lui încăpățânați și sceptici că El era Domnul vieții și Cuceritorul morții? N-ar fi fost ceva foarte posibil, aș zice eu.

Din această cauză, noi, creștinii, nu credem că ucenicii ar fi răspândit un zvon sau un fel de complot. Dacă ar fi făcut asta, ce anume sperau să obțină în urma acestui lucru? Și de ce n-au renunțat la înviere când a devenit clar că nu urmau să capete nimic după aceea, de exemplu atunci când romanii au început să le taie capetele sau să îi crucifice și pe ei?

Nu, aceasta nu a fost nicio halucinație, nicio greșeală sau complot. Altceva s-a petrecut, și a fost ceva care a avut puterea de a-i transforma pe acești oameni sceptici și lași în *martiri* ai lui Isus, martori oculari care erau gata să piardă totul pentru El, să îndure orice, chiar moartea prin tortură, de dragul de a-i spune lumii: „Acest om Isus a fost răstignit, dar acum El este viu!"

AUTORITATEA DE A STĂPÂNI, JUDECA ȘI MÂNTUI

După acea prima duminică, Isus a petrecut următoarele 40 de zile învățându-i pe ucenici și trimițându-i să propovăduiască Împărăția Lui înaintea lumii. Apoi El S-a înălțat la Cer. Poate să ți se pară că ai de-a face cu un limbaj mitologic, religios, care nu înseamnă în realitate nimic, dar scriitorii biblici nu l-au perceput deloc în acest fel. De fapt, ei descriu înălțarea la Cer a lui Isus în cele mai literale cuvinte imaginabile:

> După ce a spus aceste lucruri, pe când se uitau ei la El, S-a înălțat la cer, și un nor L-a ascuns din ochii lor. Și cum stăteau ei cu ochii pironiți spre cer, pe când Se suia El, iată că li s-au arătat doi bărbați îmbrăcați în alb, și au zis: ,Bărbați galileeni, de ce stați și vă uitați spre cer? Acest Isus, care S-a înălțat la cer din mijlocul vostru, va veni în același fel cum L-ați văzut mergând la cer'" (F.A. 1:9-11).

Acesta a fost acel lucru care i-a lăsat pe ucenici cu privirile ațintite în sus, privind către nori, întrebându-se unde s-a dus Isus. Aceasta n-a fost doar o înălțare spirituală, ci una fizică. Dar mai important decât *faptul* în sine al înălțării lui Isus la Cer este *importanța* ei. Ea n-a fost o cale prin care Isus să dispară convenabil din scenă. A fost actul înscăunării și investirii Lui de către Dumnezeu cu autoritatea deplină și finală de a stăpâni și de a judeca - și, lucru minunat, de a mântui! Dacă știi că ești un păcătos care merită mânia lui Dumnezeu pentru răzvrătirea ta împotriva Lui, atunci faptul că Isus stă acum pe scaunul de domnie al universului este o veste uimitor de bună. Asta înseamnă că marele Împărat, care te va judeca în final și te va condamna, este de asemenea Acela care te iubește și care te invită să primești din mâna Lui mântuirea, mila și harul.

Asta vrea Biblia să ne spună atunci când afirmă că „oricine va chema Numele Domnului, va fi mântuit" (Rom.

10:13). Înseamnă că Isus, Împăratul înviat și Domnul, Cel căruia Dumnezeu I-a dat toată autoritatea în Cer și pe pământ, are dreptul și autoritatea să-Și mântuiască poporul din păcatele lor.

CE FACI ACUM?

Aș vrea să îți pun acum o întrebare. Dacă toate acestea sunt adevărate, atunci ce rămâne să faci tu? Dacă Isus a înviat cu adevărat din morți, dacă El este cu adevărat cine a pretins a fi, atunci ce trebuie să faci tu?

Vreau să-ți spun ceea ce Isus însuși a afirmat că trebuie să faci. Nu este ceva dificil sau complicat, și noi știm aceste lucruri pentru că Isus ni le-a spus. El învăța în mod repetat poporul, iubindu-i pe oameni, confruntându-i în legătură cu păcatele lor și spunându-le cine putea să-i mântuiască, iar El le-a spus să *creadă* în El – cu alte cuvinte, să aibă *credință* în El. „Pocăiți-vă, și *credeți* în Evanghelie", a spus El. „Fiindcă atât de mult a iubit Dumnezeu lumea", a spus un scriitor biblic, „că L-a dat pe singurul Lui Fiu, pentru ca oricine *crede* în El, să nu piară, ci să aibă viața veșnică" (Marcu 1:15; Ioan 3:16).

Trist este că, pentru majoritatea oamenilor din zilele noastre, cuvintele *a crede* și *credință* au fost golite de sens. Pentru, noi, ele au ajuns niște cuvinte fără sevă, legate de lucruri precum Moș Crăciun, iepurii de Paști, povești fantastice și balauri magici. Totuși, în urmă cu secole, *credința* și *a crede* erau cuvinte puternice, serioase. Ele vorbeau despre puterea, credința, credincioșia și încrederea date cuiva care se dovedise vrednic de acestea. Acesta este felul de împărat despre care vorbea Isus când le spunea oamenilor să „creadă" în El. Isus nu voia să spună că ar trebui doar să ajungi la concluzia că El există; El voia să spună că trebuie să *te bazezi* pe El. Ar trebui să privești la pretențiile, cuvintele și acțiunile Lui, și să hotărăști dacă crezi că El este vrednic de încrederea ta, vrednic de a-ți sprijini viața cu totul pe El.

Dar ce sens are aceasta? Pentru ce ne punem mai precis încrederea în Isus? Ei bine, așa cum am văzut, întreaga narațiune a Bibliei ne învață că noi toți suntem rebeli împotriva lui Dumnezeu. Noi am păcătuit împotriva Lui, am încălcat Legea Lui și am lepădat autoritatea Lui asupra vieților noastre într-un milion de căi și, ca urmare a acestor păcate, merităm să suferim pedeapsa pe care o merită întotdeauna acele păcate - moartea. Noi merităm să murim trupește, da, dar mai rău, merităm ca Dumnezeu să reverse mânia Sa infinită asupra noastră. Moartea - iată plata pe care păcatele noastre o aduc asupra noastră.

De aceea, ceea ce noi avem nevoie mai presus de orice altceva în lume este să fim socotiți neprihăniți [nevinovați, n.tr.] înaintea lui Dumnezeu, în loc să fim vinovați. Noi avem nevoie ca El să dea un verdict în favoarea noastră, nu împotriva noastră. Aici intră în joc importanța credinței în Isus. Aceasta este vestea bună, Evanghelia lui Isus Hristos: motivul pentru care Isus a venit a fost acela de a sta în locul păcătoșilor ca mine și ca tine, făcând ceea ce noi ar fi trebuit să facem de la bun început și stingând blestemul morții care stă împotriva noastră. Așadar, a avea credința în Isus este un act copleșitor de important. Când credem în Isus, ne punem încrederea în El și ne bazăm pe El, Biblia spune că suntem uniți cu El ca Împăratul, Reprezentantul și Substitutul nostru. Astfel, dintr-o dată, registrul vieții noastre, plin de nelegiuire, neascultare și răzvrătire împotriva lui Dumnezeu este pus pe seama lui Isus și El moarte din cauza lui, luând locul nostru. În același timp, viața perfectă a lui Isus, o viață de ascultare și părtășie cu Dumnezeu, *ne* este creditată și, pe baza acelei vieți perfecte, Dumnezeu ne declară neprihăniți.

Ai înțeles? Când ești unit cu Isus bazându-te pe El pentru mântuire, are loc o schimbare magnifică: Isus ia păcatele tale și moare pentru ele. Iar tu primești neprihănirea lui Isus, și trăiești datorită ei! Dar mai există ceva: a fi unit cu Isus prin credință înseamnă că orice lucru pe care Isus îl are *de drept* pentru că El a ascultat perfect de Tatăl devine și al tău! Niciuna din binecuvântările mântuirii nu este a noastră prin drept, căci nu le merităm. Toate sunt de drept ale lui Isus, iar noi le primim pentru că suntem uniți cu El într-o îmbrățișare a credinței disperate, dar sigure. Astfel, despre Isus este scris că este neprihănit, astfel că *și tu* ești declarat neprihănit. El este glorificat, astfel că și tu *ești* glorificat. El este înviat din morți, astfel că și tu – pentru că ești unit cu El – ești înviat acum la viață spirituală, având făgăduința unei învieri fizice ulterioare. Iată de ce Biblia spune că Isus este „pârga" învierii (1 Cor. 15:20). El trăiește prin dreptul Său, iar noi trăim prin unirea cu El.

Evident, nu înseamnă că Isus este Reprezentantul și Substitutul fiecărui individ din lume. Nu, ci El este Substitutul celor care Îl recunosc drept cine afirmă El că este, care recunosc că El poate face ceea ce spune, și astfel își pun credința și se bizuie pe El. Noi, oamenii, suntem toți în răzvrătire deschisă împotriva Dumnezeului care ne-a creat. Din acest motiv, Dumnezeu nu avea nicio obligație să facă nimic ca să ne mântuiască. În fapt, El putea pur și simplu să ne distrugă și să ne trimită pe toți în Iad, iar îngerii din Cer L-ar fi lăudat toată veșnicia pentru dreptatea Lui inatacabilă. „Așa merită mereu răzvrătiții împotriva Dumnezeului cel preaînalt!", ar fi spus ei. Dar Dumnezeu, doar pentru că ne-a iubit, L-a trimis pe Fiul Său să le ofere îndurare tuturor răzvrătiților dintre noi care vor să vină și să-și plece genunchii înaintea Lui, recunoscându-L și primindu-L ca Împăratul lor de drept. Iar când facem acest lucru, El, cu o dragoste incredibilă, consimte să acționeze ca Substitutul nostru, punând în contul nostru viața Lui neprihănită și luând asupra Lui pedeapsa morții care stătea împotriva noastră.

De asemenea, asta nu înseamnă că spunem că a-ți pune credința în Isus nu ar veni cu repercusiuni în viața ta. Nu, ci când îți pui credința în Isus, Îl recunoști ca Substitutul și Reprezentantul tău. Cu alte cuvinte, Îl recunoști ca Împăratul tău, iar asta înseamnă că El va începe să exercite autoritate asupra vieții tale, chemându-te să întorci spatele păcatelor și răzvrătirii tale față de Dumnezeu. Această întoarcere de la păcat este ceea ce Biblia numește *pocăință*. Asta înseamnă că îi declari război păcatului și te străduiești să trăiești în neprihănire, astfel încât să semeni tot mai mult cu Isus. Nu este ca și cum ai face acest lucru de unul singur. Când ești unit cu Isus prin credință, Biblia spune că Duhul Sfânt – a treia Persoană a Trinității – vine ca să trăiască în tine, și El este Cel care îți dă puterea și dorința de a lupta cu păcatul și de a te strădui să fii neprihănit.

Asta este! Asta înseamnă să ai credința în Isus. Înseamnă că te bazezi pe El să te mântuiască, știind că nu există nicio cale prin care să te poți mântui de unul singur. Înseamnă că recunoști că n-ai nicio speranță în meritele proprii ca să poți sta nevinovat înaintea lui Dumnezeu și să înduri pedeapsa morții care stă pe bună dreptate împotriva ta, cu atât mai puțin să câștigi un verdict de nevinovăție când El se va uita la viața pe care ai trăit-o. Dar apoi înseamnă și că tu crezi că Isus a stins *deja* acea sentință a morții în locul păcătoșilor ca tine, că El a câștigat *deja* verdictul nevinovăției de care ai nevoie, și că singura ta nădejde este să te bazezi pe El – 100% – ca El să ocupe locul tău, fiind Substitutul tău.

Iată ce îl invită Împăratul Isus pe fiecare om să facă, El, Împăratul înviat din morți și care domnește din Cer. Aceasta este o invitație deschisă, fără restricții, fără condiții, fără neclarități. Mâna Împăratului Isus nu va sta neîncetat întinsă și deschisă, dar acum ea este așa. Singura întrebare este dacă o vei primi, dacă vei cădea pe genunchi înaintea Lui, recunoscându-L și crezând în El ca Acela care stă în locul tău sub judecata lui Dumnezeu – sau vei decide să te reprezinți singur.

Alegerea îți aparține. Măcar pentru puțin timp.

Un ultim cuvânt
TU CINE SPUI CĂ ESTE EL?

Cel puțin pentru o vreme.

Acel lucru n-a fost doar retoric. Adevărul este că mâna Împăratului Isus nu se va întinde oferind pe veci îndurare. Va veni o zi, probabil în curând, ziua când îndurarea se va încheia și când va sosi ziua judecății. Pe când moartea Lui pe cruce se apropia tot mai mult, Isus a promis că Se va întoarce într-o zi pentru a judeca oamenii odată pentru totdeauna. Ziua mântuirii, îndurării și harului ține doar până atunci, iar asta înseamnă că, într-o zi, nu vei mai putea alege. Altcineva va decide în locul tău, iar alegerea care se va face va însemna ca tu să fii alungat departe de Dumnezeu, de Isus, pentru veșnicie.

Iată de ce este atât de important să ajungi *acum* la un anumit răspuns la întrebarea: Cine este Isus? Sper că, odată ce ai citit această carte, ți-ai dat seama că, dincolo de orice, aceasta nu este o întrebare ce poate fi ignorată ușor. Orice ai crede despre Isus, rămâne faptul că El emite pretenții hotărâte despre tine și relația ta cu Dumnezeu, chiar pretenții invazive. Evident, poți alege să ignori acele pretenții – poți ignora orice dacă se străduiești suficient - dar când cineva îți spune, „ești un rebel față de Dumnezeul care te-a creat, iar sentința Lui pentru tine este moartea.

Dar Eu am venit să iau locul tău, să iau acea pedeapsă, și să te salvez", aici este un lucru la care ar trebui să te uiți cu atenție.

Poate că nu ești gata să îți pui credința în Isus. De ce nu? Ce alte întrebări ai? Ce te reține? Odată ce identifici acele lucruri, nu fugi de ele. Analizează-le. Caută să le rezolvi. Găsește răspunsuri la întrebările tale. Această chestiune – „Cine este Isus?" – este de o importanță crucială. Nu o ignora. Dacă ajungi la concluzia că „nu, eu nu cred că Isus este cine spune Biblia că este; nu cred că El este cine a pretins El însuși că este", este bine să știi că va trebui să îți asumi seriozitatea deciziei tale.

Dar, prietene, iată pledoaria mea: să nu te regăsești în momentul judecății spunând, „ar fi trebuit să mă gândesc mai mult; ar fi trebuit să caut să înțeleg; ar fi trebuit să îmi iau timpul să ajung la răspunsuri!" În ziua de apoi, orice alt regret va păli prin comparație cu acesta.

Pe de altă parte, poate că ești gata să spui, „da, cred că Isus este Împăratul, Fiul lui Dumnezeu și Robul care a suferit. Știu că sunt păcătos și răzvrătit împotriva lui Dumnezeu, știu că merit moartea pentru acea răzvrătire, și că Isus mă poate mântui". Dacă așa stau lucrurile, trebuie să știi că a deveni creștin nu este un lucru dificil. Nu există ritualuri de îndeplinit, nici cuvinte anume care ar trebui spuse, nici fapte de împlinit. Pur și simplu te întorci de la păcat și îți pui încrederea în Isus, te sprijini pe El și te bazezi pe El spre mântuirea ta.

Apoi spune-i lumii acest lucru! *Iată* cine este Isus. El este Cel care îi mântuiește pe oameni ca mine.

Și ca tine!

DESPRE SERIA 9MARKS

Seria de cărți 9Marks pleacă de la două idei esențiale. În primul rând, biserica locală este cu mult mai importantă pentru viața creștină decât conștientizează mulți creștini în zilele noastre. La 9Marks, noi credem că un creștin sănătos este un membru într-o biserică sănătoasă.

În al doilea rând, bisericile locale cresc în viață și vitalitate pe măsură ce își organizează viețile în jurul Cuvântului lui Dumnezeu. Dumnezeu vorbește. Bisericile ar trebui să Îl asculte și să Îl urmeze. Lucrurile sunt simple. Atunci când o biserică ascultă și împlinește Cuvântul lui Dumnezeu, ea începe să arate asemenea Aceluia pe care Îl urmează. Reflectă dragostea Lui și sfințenia Lui. Îi ilustrează gloria. O biserică va arăta asemenea Lui pe măsură ce ascultă de El. În acest sens, cititorul ar putea să observe că toate cele nouă semne, preluate din cartea lui Mark Dever scrisă în anul 2001, *Nouă semne ale unei biserici sănătoase*, sunt centrate în Biblie:

- predicarea expozitivă;
- teologia biblică;
- înțelegerea biblică a Evangheliei;
- înțelegerea biblică a convertirii;

- înțelegerea biblică a evanghelizării;
- înțelegerea biblică a calității de membru în biserică;
- înțelegerea biblică a disciplinei bisericii;
- înțelegerea biblică a ucenicizării și creșterii spre maturizare creștină; și
- înțelegerea biblică a conducerii bisericii.

Se pot spune mai multe lucruri despre ceea ce bisericile ar trebui să facă pentru a fi sănătoase, cum ar fi rugăciunea. Totuși, aceste nouă practici sunt cele despre care noi credem că sunt cele mai des trecute cu vederea în zilele noastre (spre deosebire de rugăciune). Așadar, mesajul nostru esențial către biserici este unul prin care le chemăm să nu se uite după cele mai bune practici în afaceri sau după ultimele stiluri de închinare, ci să privească la Dumnezeu. Începeți prin a asculta din nou de Cuvântul lui Dumnezeu.

Această serie de cărți izvorăște din acest țel general. Aceste cărți au intenția de a analiza cele nouă semne mai îndeaproape și din unghiuri diferite. Unele dintre cărți îi au ca cititori-țintă pe păstori. Altele pe membrii bisericilor. Din fericire, toate vor combina analiza biblică atentă, reflecția teologică, luarea în considerare a culturii și societății, aplicațiile la nivel colectiv și chiar îndemnurile la nivel individual. Cele mai bune cărți creștine sunt întotdeauna cele deopotrivă teologice și practice.

Rugăciunea noastră este ca Dumnezeu să folosească această carte și celelalte din seria de față pentru a ajuta la pregătirea miresei Sale, Biserica, pentru a fi îmbrăcată cu strălucirea și splendoarea potrivită pentru ziua venirii Lui.

9Semne

Zidind Biserici Sănătoase

ESTE SĂNĂTOASĂ BISERICA TA?

9Marks există pentru echiparea liderilor bisericii cu o viziune biblică și cu resurse practice pentru ilustrarea gloriei lui Dumnezeu înaintea popoarelor, prin biserici sănătoase.

În acest scop, vrem să ajutăm bisericile să crească în practicarea a nouă semne ale sănătății, semne care sunt adesea ignorate:

1. Predicarea expozitivă
2. Învățătura Evangheliei
3. O înțelegere biblică a convertirii și evanghelizării
4. Membralitatea biblică în biserică
5. Disciplina biblică a bisericii
6. O preocupare biblică pentru ucenicizare și creștere spirituală
7. Conducerea biblică a bisericii
8. O înțelegere biblică a practicii rugăciunii
9. O înțelegere biblică a practicii misiunii.

La 9Marks, noi scriem articole, cărți, recenzii și o revistă online. Organizăm conferințe, înregistrăm și difuzăm interviuri și producem alte resurse pentru echiparea bisericilor ca să ilustreze slava lui Dumnezeu.

Vizitează pagina noastră de internet unde poți găsi resurse în peste 40 de limbi de pe glob și abonează-te la revista noastră distribuită gratuit online. Lista complete a tuturor paginilor noastre de internet în alte limbi este următoarea: 9marks.org/about/international-efforts/.

Engleză: 9marks.org | Română: ro.9marks.org

MAGNA GRATIA
Noi vestim Evanghelia harului

Asociația MAGNA GRATIA este o organizație non-profit care își concentrează eforturile pe proclamarea Evangheliei prin literatură consecventă doctrinar, prin evanghelizare și echiparea bisericilor evanghelice de limba română.

Dacă ai fost binecuvântat citind această carte, poți ajuta la binecuvântarea altui credincios, prin unul sau mai multe lucruri, după cum urmează:

1) Recomandă mai departe această carte!

2) Vizitează paginile noastre de internet la **magnagratia.org** și află mai mult despre lucrarea noastră, și citește GRATUIT cele peste 250 de cărți ale unora dintre cei mai buni autori creștini din istorie.

3) Rămâi conectat la noutățile MAGNA GRATIA prin a vizita pagina noastră de Facebook la www.facebook.com/MagnaGratia-Romania și prin a te abona pe website, așa încât să fii anunțat când publicăm noi resurse.

4) Spune și altora despre lucrarea noastră.

5) Roagă-te pentru noi.

6) Donează și ajută-ne să mergem mai departe cu această lucrare. Donațiile se pot face online, www.magnagratia.org/donatii.html

Pentru orice alte informații, scrie-ne la contact@magnagratia.org. Mulțumim!

www.ingramcontent.com/pod-product-compliance
Lightning Source LLC
Chambersburg PA
CBHW071418070526
44578CB00003B/602